經濟學

（上）

陸民仁　編著

三民書局　印行

國家圖書館出版品預行編目資料

經濟學大意

經濟學 / 陸民仁編著
民 2003

ISBN 957-14-2476-5 (上冊：平裝)

1. 經濟學

550

網路書店位址：http://www.sanmin.com.tw

編輯大意

一、本書主要適用於今日社會中各種職業商業學校之「基礎經濟學」，亦稱「社會科學」及「公民」課程之中……

二、本書主要闡明經濟學基本概念及分析方法，力求淺近明白，不失嚴謹的教法……

三、本書內容，……

四、本書……

五、本書……

六、本書……

編著者　陸民仁
發行人　劉振強
發行所　三民書局
臺北市復興北路386號
地址／臺北市復興北路386號

初版一刷　1998年5月
初版三刷　2003年8月
編　號　S 55183-0
基本定價　伍　元
行政院新聞局登記證局版臺業字第〇二〇〇號

經濟學（上）

目　次

第四章　消費行為的研究──效用分析法

第五章　消費行為的研究──無異曲線分析法

第一章　緒　論

學習目標

研讀本章之後，希望同學們對以下的主題有所瞭解

1.經濟學所關注的問題
2.經濟學的意義
3.經濟學的內容
4.現代經濟制度的特色

第❶節　經濟問題的發生

　　吾人生活於現代社會，爲了維持生活與延續生命，必須使用各種有形的財貨與無形的勞務，如飢餓則需要食物，寒冷則需要衣服，蔽風雨則需要房屋，生病則需要看醫生，受教育則需要進學校。而這些財貨與勞務，並不是不花代價就能取得。在現代交換經濟的時代，一部分財貨與勞務，雖可以自己生產，供自己使用，如農民種植稻米蔬菜，一部分即可自行享用，但絕大部分都要從市場去購買。因此站在個人的立場，無論是作爲一個消費者，或是作爲財貨的生產者，或勞務的提供者，經常會遭遇到若干經濟問題，需要加以解決，其中比較重要者如：

　　一、如果他是消費者，則他的收入可能固定而有限，但他所需要購買而消費的財貨，種類卻非常多，他應該如何支配他的收入，購買各種財貨，而能使他感到最大的滿足？

　　二、如果他是生產者，在各種各樣可以生產的財貨中，究竟選擇生產那一種？產品的項目決定之後，還要決定應採取何種生產技術？生產多少數量？應該如何訂價？才能賺得最多的利潤？

　　三、如果他是勞動者，則在不同工資水準下，他願意提供多少勞動？對於每天二十四小時，他應如何適當的將其分配於工作，休息及作休閒活動之用？

　　除以上的問題外，因爲個人生活於社會之中，若干不能由他單獨決定的經濟問題，也會影響他的經濟生活，例如：

　　一、如果他的收入不變，物價水準的上漲會影響他的生活水準。物價水準何以會上漲？主要促成物價水準上漲的有那些原因？

　　二、一國經濟的繁榮與衰退，會影響他工作的機會及生活的安定。經濟現象何以會出現繁榮與衰退？有沒有方法可以避免？

　　三、交換需要使用貨幣，貨幣制度是如何建立的？一國的貨幣數量

又是如何決定的? 本國貨幣交換他國貨幣, 其兌換率又是如何決定的?

四、一國政府必須向人民課稅, 政府本身又有財政支出, 政府何以要向人民課稅? 要課那幾種稅? 政府課稅及政府財政支出, 對一國經濟會產生什麼影響?

五、沒有一個國家可以孤立生存於世界, 國與國之間常有貿易關係存在, 何以一國要與他國發生貿易關係? 國際貿易的存在對一國經濟又會產生何種影響?

以上所列舉的問題, 不過是在眾多的經濟問題中隨便提出的幾項, 而這些問題正是經濟學所要研究的內容。

第2節 經濟學的定義及其研究內容

根據以上的舉例, 可以看出在現代社會吾人所要解決的經濟問題, 由於觀點的不同, 可以分為兩種類型。一是站在個體的觀點, 或形成經濟體系的各個經濟單位的立場, 亦即個別消費者, 家計單位, 個別生產者, 或生產因素的提供者, 他們所要解決的經濟問題。另一種是站在整個經濟體系的立場, 所發生的及要解決的經濟問題。這兩類問題, 事實上密切相關。因為吾人生活於社會之中, 個人的經濟行為固然會影響整個社會, 例如若個別生產者都增加生產, 則社會的總生產量, 連帶的社會總就業量, 所得水準亦會增加。反之, 若總體經濟發生變動, 亦必會影響個人的經濟生活及行為, 例如當物價膨脹時, 個人的消費水準便會受到損害。

同時, 吾人根據個人的經驗及觀察, 能滿足吾人物質慾望的各種財貨與勞務, 並不是取之不盡用之不竭的, 在取得時吾人不僅需要支付代價, 而且相對於吾人的物質慾望言, 也是相對的稀少。相反的, 吾人的物質慾望不但種類多, 而且隨經濟的進步還會不斷的增加或改變。例如米飯可以充飢, 但有了飯吃, 還想吃牛排海鮮。布衣雖可保暖, 但還想

要最新的時裝等。因此如何有效利用相對的稀少的物質資源，來滿足吾人眾多的物質慾望，便成爲吾人所迫切需要解決的經濟問題。就我們個人講，當收入有限，僅夠維持基本的生活需要時，決不會想到去購買遊艇或出國觀光旅行。同樣的，當一國絕大多數的人民急需各種生活必需品時，則不應該把有限的土地，資本或勞力，大量用來製造殺人的武器，以侵略他國。無論是個人或社會，必須把稀少而有限的各種資源，作最適當的配置，使能對個人或社會得到最大的滿足並達到最高的效率。由此一觀點吾人可獲得一簡單的經濟學的定義如下：

經濟學是研究人類經濟行爲及經濟現象的科學。人類的經濟行爲主要表現於如何利用有限的經濟資源，最有效的去滿足人類的各種物質慾望，從而產生各種經濟法則。人類在從事或進行各種經濟行爲時，便產生各種經濟現象，這種經濟現象亦有一定的規律。經濟學即是研究這些經濟行爲與經濟現象的科學。

經濟學的內容大體可以分爲兩大部分，第一部分是研究組成經濟體系的各個經濟單位的經濟行爲，亦即研究消費者，生產者，廠商，產業以及生產因素所有者的經濟行爲，而對經濟體系的本身則暫不考慮。但這些經濟個體的經濟行爲互不相同，吾人爲方便起見，選定價格現象作爲研究的中心。因爲在現代交換經濟的體制下，價格是決定各種經濟活動的主要動力，價格不但影響消費者的消費，也決定了生產者的生產活動及勞動者的就業。而價格又決定於市場的供需關係，供需法則便成了這部分理論的主要架構，這部分理論便稱爲個體經濟理論或價格理論。

第二部分則是以整個經濟體系爲研究對象，研究各有關總計經濟變數如何決定與變化；這些總計變數包含總就業量，總出產量，國民所得水準，物價水準，利率及工資水準等。這些變數短期間有一定的數值，長期間則可能有成長或變動現象，吾人要研究這些數值與變動是如何決定的。爲方便起見，吾人亦選取所得作爲研究的中心，因爲所得與其他變數之間均有密切的關係，並共同變化。這部分的研究吾人稱爲總體經濟理論或所得理論。

　　個體經濟理論與總體經濟理論，相輔相成，如鳥之兩翼，缺一不可。個體經濟理論猶如吾人研究構成森林的個別樹木，其中有冷杉、紅檜、松木等，吾人在研究此個別樹木的特質時，暫不關心整個的森林。總體經濟理論猶如以整個森林為研究對象，分析其林相、面積、成長過程等，而暫不考慮個別的樹木。但是吾人若要對森林有真正的瞭解，必須同時進行此兩種研究。同理，如果要對人類的經濟行為及社會的經濟現象有真正的瞭解，個體經濟理論與總體經濟理論必須同時進行，因此這兩部分即構成經濟學的全體。本書由第二章到第十四章，主要為個體經濟理論，由第十五章到第二十五章，主要為總體經濟理論。

第3節　現代經濟制度的特色

　　不同的社會為解決經濟問題，常採取不同的方法，因而產生不同的經濟制度，也產生了不同的經濟學。例如現在世界上採取共產主義或採取社會主義的國家，他們所採取的解決經濟問題的方法，即與吾人採取民生主義或歐美採取市場經濟的國家不一樣。民生主義與歐美大多數採取市場經濟的國家，其經濟制度一般的有下列幾項特質。

　　第一，承認私有財產。認為個人由勞力所獲得的財產，應為個人所私有，法律應加以保護。得以私有的財產，不僅包括消費財，即為滿足個人消費所必須使用的財產，如衣服、家具、食物等，亦包括生產財在內，如土地、機器、專利權等。因為承認私有財產，才能維護個人的生活及生存權，也才能保障個人消費及創業與就業的自由。私有財產權不僅指所有權而言，亦包含對財產的使用權與處分權，非依法律不得加以干預。

　　第二，重視市場機能。現代經濟活動非常複雜。無論生產，交換，消費，必須透過市場機能，才能圓滑運作。所謂市場機能，亦含有多種意義，首先，市場機能必表現為貨幣經濟，以貨幣為交換的媒介及價值

的標準，各種財貨有其一定的貨幣價格。其次，透過市場的供需關係，以決定各種財貨的價格，並透過此一定價過程，以決定生產何種財貨？以何種方法生產？生產多少數量？所生產的財貨如何分配？同時，透過市場機能，亦表示，一切生產活動，主要均由私營企業負責進行。市場機能就像一隻看不見的手，在操縱並指揮整個的經濟活動。當然，重視市場機能並不意謂政府沒有任何經濟功能。相反的，隨經濟的進步，政府的經濟功能卻有日漸增加的趨勢。因為政府不僅要規定一定的貨幣制度，金融制度，財稅制度，度量衡制度，使社會大衆得以遵守，以維持一定的經濟秩序。若干社會基本建設，如交通，港埠，機場，或若干與國民生活有重大關係，而私人不願經營的事業，如水庫，森林，則必須由政府直接經營。同時當市場機能因某種原因不能順利運作時，亦常需政府出面予以輔導或干預。如市場出現被少數業者所壟斷或形成獨占時，政府往往會出面加以取締，以恢復市場機能的正常運作。這項干預的目的，乃是為了使市場機能發揮其正常的功能。

第三，維護經濟自由。經濟自由亦屬基本人權之一，必須加以維護。經濟自由包括消費自由，創業自由及就業自由。個人如何消費，由個人自己決定，他人不得加以干預。個人運用其生產財，進行創業活動，從事生產，究竟從事何種產品或勞務的生產，亦由個人自己決定。個人亦有不創業的自由，他人不得加以強制。就業的自由則包含個人是否就業？願擔任何種職業？在何種地區就業？其決定權屬於自己，不得任由他人支配。當然，消費自由，創業自由及就業自由不得違犯法律及善良風俗，因此無製造，販賣及吸食毒品的自由，因為這將危害社會人群，故法律予以禁止。同樣，經營賭博及色情行業，除法律特別規定者外，亦應禁止。

第四，大量使用資本。自產業革命以後，工業迅速發展，目前凡經濟已開發國家及部分開發國家，工業已成為經濟結構的主體。工業生產皆需大量使用資本，以購置機器設備，隨生產規模之擴大，機器設備之應用亦日漸龐大。並且隨生產自動化之趨勢，勞力之使用日漸減少，更

需要以資本代替人工，對資本之需要更爲增加。不僅工業生產如此，即農業與服務業亦日趨於機械化，同樣需大量使用資本。吾人竟可說，一國經濟之是否進步，與使用資本的數量成正比。

第五，科技進步迅速。與大量使用資本同時存在的，爲科學技術的迅速進步，新產品不斷被發明，新的生產技術也不斷被發現，能生產出更多及品質更好的財貨供吾人享用。而科技的進步與資本的大量使用又互爲因果。因爲能大量使用資本，可以進行研究發展工作，這必然會加速科技的進步。而科技進步之後，使生產力大爲提高，除滿足消費外，剩餘的資源更多，更能累積大量的資本。因此科技的進步便成爲促進經濟成長提高經濟福利的原動力。

上述的幾種特質並非所有的經濟制度均所具備，在目前世界上實行共產主義或社會主義的國家，即不具備這些特質。在這些國家一般均不承認私有財產制，而採取所謂公有制，全民所有制或集體所有制。除了極少數的消費財，得容許個人私有外，耐久性消費財如房屋，生產財如土地，工廠，交通工具，均收歸公有，或爲政府所有，而成立所謂集體農場，國營農場，人民公社，國營事業等。因爲不承認私有財產制，因而亦不重視市場機能，一切經濟活動全由政府所控制，按照所謂經濟計畫而運作，以行政的方法加以管理。因爲取消了市場機能，經濟效率大爲降低，嚴重影響了人民的生活水準。因爲不承認私有財產，沒有私營企業，個人消費自由，創業自由及就業自由也完全喪失。個人消費所需的各種財貨，往往由政府配給，個人毫無選擇，縱然會有少量的自由市場及黑市存在，其價格之高，亦非一般人民所能問津。因爲無私營企業，當然更無創業的自由了。至於個人就業，則純由政府所統制，個人毫無選擇的自由，究竟個人應擔任何種工作，在那一地區工作，全由政府支配。大學生可以下放農村插隊落戶，廣東人可以派到黑龍江北大荒去墾荒，於是農民成了農奴，工業勞動者成了奴工，人權完全被剝奪。最近幾年由於這些國家經濟落後，也曾提出經濟改革的口號，但是在基本上不肯放棄共產主義的體制，其經濟改革也難達到預期的效果。

摘　　要

　　人類爲維持生存乃產生了各種經濟問題，如消費問題，生產問題，就業問題，物價問題，貨幣問題，財稅問題及國際貿易問題等。

　　經濟學是研究經濟行爲與經濟現象的科學，亦即研究如何利用有限的資源，以滿足人類的各種慾望，而達到最大的滿足，從而引申出各種經濟法則。

　　經濟學可分爲兩大部分，一爲個體經濟理論，以構成經濟體系的經濟單位爲研究對象，其中心問題爲價格問題。另一部分則爲總體經濟理論，以經濟體系爲研究對象。探討各總計變數如何決定及變化，其中心問題爲所得。此兩部分相輔相成，構成經濟學的整體。

　　爲解決經濟問題，乃形成一定的經濟制度，在民生主義及歐美自由經濟的制度下，均具備若干相同的特質，如承認私有財產，重視市場機能，維護經濟自由，大量使用資本，科技進步迅速等。而共產主義國家則不承認私有財產，不重視經濟自由，一切經濟活動皆由政府統制，因此經濟效率低落，人民生活困苦。目前雖也進行改革，但收效緩慢。

重要名詞

經濟學	經濟自由
個體經濟理論	全民所有與集體所有
總體經濟理論	共產主義
市場機能	民生主義

作業題

問答題：

❶ 作為一個青年學生，你平時關心那些經濟問題？何以關心？

❷ 你雖然還未讀完本書，根據你的直覺，你認為政府對那些經濟問題應主動的干預？何以？

❸ 在我們目前所生活的經濟制度下，你認為那些特質最重要？

選擇題：

( )❶以經濟問題的發生來說，下列的敘述何者有誤 (A)消費者的所得是有限的 (B)資源是有限的 (C)消費者的慾望是有限的 (D)資源有多種用途。

( )❷下列對於經濟問題的敘述中，何者是正確的 (A)消費者可以使用無限的所得從事購買，以滿足無限的慾望 (B)勞動者可以決定物價水準的上漲 (C)國際貿易的存在可以影響生產者的決策 (D)生產者可以決定稅率。

( )❸探討生產者與消費者之經濟決策的經濟學稱為 (A)福利經濟學 (B)個體經濟學 (C)貨幣經濟學 (D)環境經濟學。

( )❹以經濟學的定義來說，下列的敘述何者有誤 (A)經濟活動的目的是滿足慾望 (B)經濟學是使用無限的慾望去分配有限的所得 (C)消費者的慾望是無限的 (D)消費者的所得是有限的。

（　）❺下列那一個並非是總計變數　(A)物價水準　(B)利率　(C)蘋果的價格　(D)工資水準。

（　）❻市場經濟制度必須面對那些問題　(A)如何生產　(B)生產什麼　(C)為誰生產　(D)以上皆是。

（　）❼下列對市場機能的敍述何者是正確的　(A)市場機能可能也是交換經濟　(B)須仰賴需求與供給才可以決定價格　(C)貨幣只是交換媒介　(D)政府可以從事生產。

（　）❽對私有財產制來說，下列的敍述何者有誤　(A)私有財產制可以維護個人的權利　(B)市場經濟主張私有財產制　(C)騎樓的使用不符合私有財產制　(D)政府可以任意干預私有財產制。

（　）❾下列對於私有財產制的敍述，何者是正確的　(A)政府可以檢查民眾的財產情況　(B)騎樓的使用符合私有財產制　(C)政府可以不經立法課稅　(D)私有財產制包括對生產財的保護。

（　）❿下列的敍述何者是正確的　(A)消費自由亦包括政府對稻米價格的限制　(B)大量使用資本與否影響經濟成長　(C)私有財產制也是社會主義的特色　(D)當市場機能正常運作時，政府可以干預。

第二章 經濟活動的循環周流

學習目標

研讀本章之後，希望同學們對以下的主題有所瞭解

1. 市場的意義
2. 價格如何決定
3. 財貨市場的循環周流
4. 生產因素市場的循環周流
5. 經濟活動的循環周流

第1節　市場與價格

在現代高度發達的經濟社會，任何人皆不能過自給自足的生活，吾人所需要的各種財貨，皆要從市場去購買。為了能有購買力，吾人或則自己選擇某種生產事業，生產某種財貨，在市場出售以取得收入。或則提供勞力從事某種職業以獲取收入。前者如農民種植稻米蔬菜，後者如充任工廠雇工，店員或政府公務人員。因此吾人稱現代經濟是市場經濟或交換經濟。

所謂市場，即是某種安排或制度，透過它買賣雙方能決定財貨的價格及交易的數量。市場的規模有大有小，小的如地方性的果菜市場或零售市場，有一定的空間或店舖，賣者將貨物陳列以供買者選購。大的如金融市場，乃是由各類金融機構如銀行，票券公司等所形成，使資金的需要者與供給者能進行交易，以決定利率及資金得以融通的一種制度。更大的尚有國際性的市場，如國際砂糖市場，國際石油市場等，這是由砂糖與石油的生產國與消費國，透過一定的協議或契約，以決定砂糖與石油價格及交易量的某種體制。無論市場的大小，其主要功能均在決定財貨的價格及交易量。

在市場中財貨的價格如何決定？這是經濟學中所要研究的主要問題，為研究此一問題讓吾人先介紹所謂經濟活動循環周流的意義。

第2節　財貨市場

社會上從事經濟活動的經濟單位很多，如果吾人按照他們所擔當的經濟功能來分類，大體上可以分為兩大類，一類是所謂生產單位，或稱生產部門；他們的主要功能是從事生產活動，並將所生產的財貨或勞務

提供市場銷售。屬於這一部門的有各種規模的廠商、農場、商店、百貨公司，以及各種產業。無論小如雜貨店，大如中國石油公司，他們主要的功能即是從事生產活動。另一類則稱為消費單位，或稱家計部門。他們主要的功能是購買各種財貨從事消費，屬於這一部門的如獨立生活的個人，傳統的家庭，共同生活戶等。家計部門往往同時也是生產因素的持有者，他們可提供勞力、資金、土地等，供生產部門使用，並藉以換取所得。至於各級政府，究屬歸屬於那一部門，則按其功能，可同時歸屬於生產部門或家計部門。例如郵局及銀行，因為是提供通信及金融服務，當然歸屬於生產部門。但郵局及銀行為辦公所需，也要購買各種文具、設備，就這一意義言，則又屬於家計部門。又如醫院，就其提供醫療服務言，則屬於生產部門；但為了準備住院病患的飲食，需要購買各種食品與飲料，就這一意義言，則又屬於家計部門。

　　生產部門與家計部門透過兩個市場發生關係，第一個市場是財貨市場，吾人可用圖2-1表示這種關係。在圖2-1中用方形表示這兩個部門，用圓形表示財貨市場。在這一市場生產部門所表現的是供給關係，即提供最後財貨及勞務，在此一市場銷售。所謂最後財貨及勞務，即可供直接使用的財貨或勞務，如食物、飲料、電視機、醫療服務等。家計部門所表現的則是需求關係，即要從此一市場購買各種最後財貨及勞務以供消費。此種供給與需求，吾人分別用箭頭表示，指向此一市場。透過此一供需關係，一方面可決定各種財貨及勞務的價格，另一方面亦可決定每種財貨及勞務交易的數量。於是透過此一財貨市場，最後財貨及勞務由生產部門流向家計部門，供家計部門使用。吾人在圖2-1中的最外邊，用有陰影的寬箭頭表示此一財貨及勞務的流量。而與此一財貨流量相反而價值相等的，則有一貨幣流量。因家計部門為了購買各種財貨及勞務，必須支出貨幣，此項貨幣對家計部門言為支用，對生產部門言，則為收益。吾人在圖2-1的內圈同樣用有陰影的寬箭頭，表示此一貨幣流量。

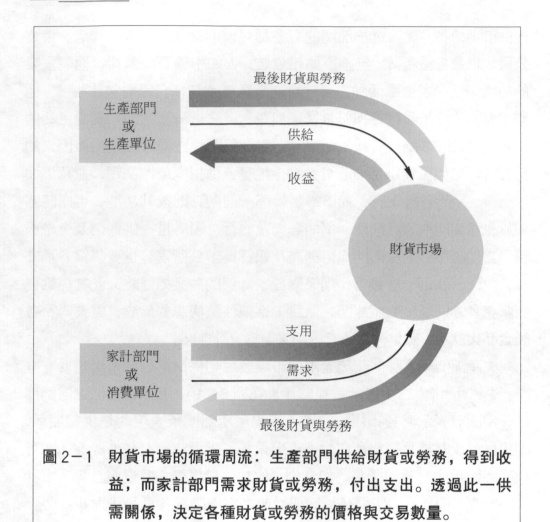

圖 2-1　財貨市場的循環周流：生產部門供給財貨或勞務，得到收益；而家計部門需求財貨或勞務，付出支出。透過此一供需關係，決定各種財貨或勞務的價格與交易數量。

第3節　生產因素市場

　　僅有財貨市場，生產部門與家計部門的經濟關係尙不完整，兩者之間還要透過另一市場發生交易，此即*生產因素市場*。吾人在上面曾提到，家計部門同時亦爲生產因素的持有者，他們要出售生產因素的勞務以便獲取收入。而這種生產因素的勞務則爲生產部門所需要，俾生產各種最

後財貨。在圖 2－2 中吾人將此項關係亦用圖形表示，圖左圓形部分，即表示生產因素市場。對此一市場，家計部門的功能是供給，即提供各種生產因素的勞務以便銷售。生產部門的功能則是需求，即由此一市場購買各種生產因素，以供生產時使用。吾人分別用箭頭表示此種供給與需求。透過此種供需關係，即可一方面決定各種生產因素勞務的價格，如工資率、地租率、利率等；另一方面亦可決定各種生產因素勞務的交易量。價格既經決定，生產因素的勞務即由家計部門，透過生產因素市場流向生產部門，吾人在圖形的外圈用綠色的寬箭頭表示此一流量。而與此一流量方向相反而價值相等的，尚有一貨幣流量。生產部門為了購買生產因素的勞務，必須向家計部門支付貨幣，此貨幣在生產部門為成本，在家計部門則為所得。吾人在圖形的內圈同樣用黑色的寬箭頭表示此一貨幣流量。

第 4 節　經濟活動的循環周流

吾人若將圖 2－1 與圖 2－2 合併畫在一個圖形上，如圖 2－3，則可表現出整個經濟活動的全貌，亦即生產部門與家計部門如何透過財貨市場及生產因素市場，發生經濟關係。圖形的右一半所表示的是，生產部門在財貨市場的功能是供給，家計部門的功能則是需求，透過供需關係，決定了各種最後財貨與勞務的價格，於是透過此一市場，最後財貨與勞務由生產部門流向家計部門，如圖形外圈以有陰影的寬箭頭所表示者，此代表財貨與勞務的流量。為了購買最後財貨與勞務，貨幣則由家計部門透過財貨市場流向生產部門，如圖形內圈以有陰影的寬箭頭所表示者，此代表貨幣的流量。

圖形的左一半則代表另一種關係，此即在生產因素市場，生產部門的功能為需求，家計部門的功能則為供給。透過供需關係可以決定各種生產因素勞務的價格。根據此一價格生產因素的勞務即由家計部門流向

生產部門，供生產之用，如圖形外圈綠色的寬箭頭所表示者，此代表生產因素勞務的流量。為了購買各種生產因素的勞務，生產部門支出貨幣，此貨幣則流入家計部門，如圖形內圈黑色的寬箭頭所示者，此則代表貨幣的流量。

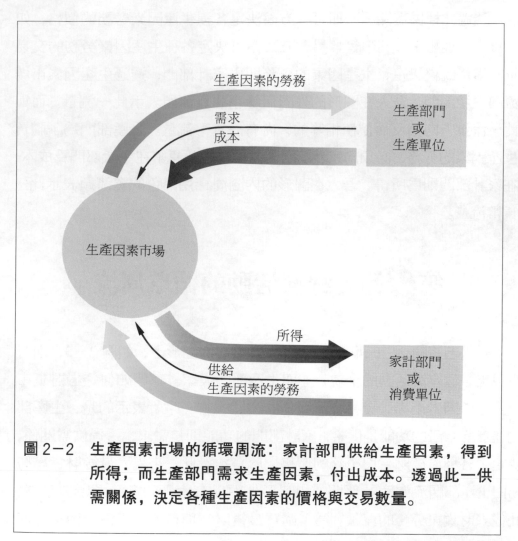

圖 2-2　生產因素市場的循環周流：家計部門供給生產因素，得到所得；而生產部門需求生產因素，付出成本。透過此一供需關係，決定各種生產因素的價格與交易數量。

　　由全部圖形吾人可看出在生產部門與家計部門之間，有兩種循環周流在進行，一是圖形外圈所顯示的*財貨與勞務的周流*，生產因素的勞務由家計部門透過生產因素市場流向生產部門。生產部門利用這些生產因素的勞務生產最後財貨與勞務，再透過財貨市場流向家計部門。家計部

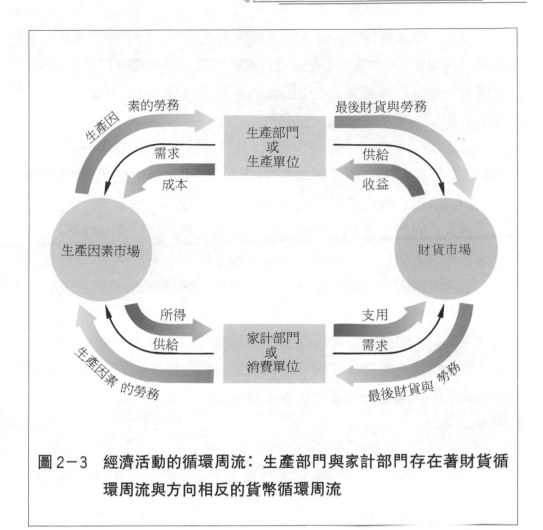

圖2-3 經濟活動的循環周流：生產部門與家計部門存在著財貨循環周流與方向相反的貨幣循環周流

門利用這些最後財貨與勞務，從事消費，再繼續向生產部門提供各種生產因素的勞務。另一種則是圖形內圈所顯示的貨幣的周流，此貨幣周流由生產部門流向家計部門，此貨幣在生產部門爲生產成本，在家計部門則爲所得。家計部門爲購買各種最後財貨與勞務，又將貨幣流向生產部門，此貨幣在家計部門爲支用，在生產部門則爲收益。生產部門有了此收益以後，又可向家計部門購買生產因素的勞務繼續從事生產。

生產部門除了生產最後財貨與勞務，供家計部門使用外，也生產中間財貨或資本設備，如機器、零件、原料，供生產部門本身使用。家計部門的生產因素的勞務，除供生產部門使用外，也可能直接提供家計部

門本身使用，如家庭僱工，居住用的房屋與土地等。為了表示這種流量，吾人只要在圖2-3中略加補充即可，或將其看成由生產部門及家計部門自行保留一部分最後財貨及生產因素的勞務供自身使用，如此則圖2-3亦可不必加以改變。

　　由圖2-3亦可看出在本書中吾人將研究那些問題。首先吾人將研究何謂需求？何謂供給？如何透過供需關係決定了市場價格？其次為了研究需求如何產生，吾人要研究家計部門的消費行為。為了研究供給如何決定，吾人要研究生產部門的生產行為。因生產部門包含各種不同形態的廠商，其決定價格的原則亦不一樣，因此吾人亦要研究廠商理論。同時吾人透過生產因素的供需關係，研究生產因素勞務的價格如何決定。

　　只要人類社會存在一天，經濟活動的循環周流即存在一天。站在社會的立場，吾人同樣關心如何能使財貨的流量不斷增大，吾人的生活能不斷改善，而且能保持長期的進步與穩定，這就涉及所得、物價、就業與經濟成長等問題，這與每一個人都密切相關，這將構成本書下冊討論的內容。

摘　要

　　社會各種從事活動的經濟單位，可按其經濟功能分為兩大部門，一為生產部門，其主要功能為從事生產活動，一為家計部門，其主要功能則為從事消費活動。家計部門同時亦為生產因素的持有者。

　　生產部門與家計部門，透過產品市場及生產因素市場發生密切關係。在財貨市場，生產部門是供給者，家計部門則是需求者，透過供需關係決定各種最後財貨的價格與交易量，最後財貨則由生產部門流向家計部門，為購買這些財貨，貨幣則由家計部門流向生產部門。在生產因素市場，家計部門為供給者，生產部門則為需求者，透過這種供需關係，決定了各種生產因素勞務的價格及交易量，生產因素的勞務則由家計單位流向生產單位，為了購買這些勞務，貨幣則由生產單位流向家計單位。

　　生產部門與家計部門之間因此存在著兩種循環周流，一是財貨與勞務的循環周流，一是方向相反的貨幣循環周流，此兩種周流永久存在，且隨經濟的進步將不斷增大。

重要名詞

市場　　　　　　　　　　　經濟活動的循環周流

生產部門或生產單位　　　　財貨流量

家計部門或消費單位　　　　貨幣流量

作業題

問答題：

❶ 何謂市場？財貨市場的功能為何？

❷ 在現代高度工業化的社會，生產部門所生產的財貨並不直接售予家計部門，而是經由批發商、零售商，再售予家計部門，你能否將此一過程亦用圖形表示出來？

選擇題：

(　)❶「市場」最主要的功能是　(A)決定財貨的價格與交易量　(B)決定財貨的品質　(C)決定財貨的原料　(D)決定財貨的交易程序。

(　)❷若我們按經濟功能加以分類，則經濟單位可分為　(A)行銷部門與會計部門　(B)行銷部門與生產部門　(C)生產部門與家計部門　(D)生產部門與會計部門。

(　)❸以下對「循環周流」的敘述，何者有誤　(A)有財貨循環周流與貨幣循環周流　(B)財貨循環周流與貨幣循環周流的方向相反　(C)財貨循環周流與貨幣循環周流會斷續存在　(D)財貨循環周流與貨幣循環周流會不斷擴大。

(　)❹生產部門與家計部門透過那兩個市場發生關係　(A)貨幣市場與股票市場　(B)貨幣市場與外匯市場　(C)貨幣市場與財貨市場　(D)財貨市場與生產因素市場。

(　)❺以下對財貨市場的敘述，何者為真　(A)生產部門是財貨的需求者，而家計部門是財貨的供給者　(B)生產部門與家計部門都是財貨的

需求者 (C)生產部門是財貨的供給者，而家計部門是財貨的需求者 (D)生產部門與家計部門都是財貨的供給者。

( )❻以下對生產因素市場的敍述，何者爲眞 (A)生產部門是生產因素的需求者，而家計部門是生產因素的供給者 (B)生產部門與家計部門都是生產因素的需求者 (C)生產部門是生產因素的供給者，而家計部門是生產因素的需求者 (D)生產部門與家計部門都是生產因素的供給者。

( )❼以家計部門對貨幣循環周流來説，下列的敍述何者爲眞 (A)在財貨市場有貨幣的支出，在生產因素市場有貨幣的收入 (B)在財貨市場有貨幣的支出，在生產因素市場也有貨幣的支出 (C)在商品市場有貨幣的支出，在貨幣市場有貨幣的收入 (D)在財貨市場有貨幣的收入，在生產因素市場有貨幣的支出。

( )❽下列關於市場的敍述，何者爲眞 (A)價格的決定只需考慮供給層面 (B)價格的決定只需考慮需求層面 (C)價格的決定必須同時考慮供給與需求兩個層面 (D)價格的決定由政府來負責。

( )❾生產部門對財貨循環周流來説，它的角色是 (A)在財貨市場需求財貨，在生產因素市場供給生產因素 (B)在財貨市場需求財貨，在生產因素市場也需求生產因素 (C)在財貨市場供給財貨，在生產因素市場也供給生產因素 (D)在財貨市場供給財貨，在生產因素市場需求生產因素。

( )❿如果現有勞動生產因素，與以勞動生產的商品，試判斷下列的敍述何者爲非 (A)勞動該一生產因素是由家計單位所供給 (B)商品是由家計單位所需求 (C)生產部門須付出貨幣以供給商品 (D)生產部門須付出貨幣以購買勞動。

第三章　需求、供給與價格的決定

學習目標

研讀本章之後，希望同學們對以下的主題有所瞭解

1. 需求的意義
2. 需求的變化
3. 需求彈性的意義
4. 供給的意義
5. 供給的變化
6. 供給彈性的意義
7. 市場均衡價格的決定
8. 供給需求的變化對均衡價格的影響
9. 供需法則的應用：限價與保證價格

第*1*節 需求的意義

在上一章吾人已說明，需求與供給決定財貨的價格。但何謂需求？何謂供給？需求與供給又如何決定財貨的價格？本章將就此問題加以說明。

決定市場價格的是市場需求，但市場需求又是個別需求的總計，因此吾人必須先瞭解何謂個別需求。所謂個別需求吾人可下一簡單的定義：即假定其他情況不變，在一定期間，個別消費者或購買者，對某特定財貨，在各種可能的價格下，所願意購買的數量。對此一定義吾人還需進一步加以說明。首先，假定其他情況不變，是假定此一購買者他的貨幣所得不變，他對此一財貨的愛好不變，其他有關財貨的價格不變，對貨幣所得及此一財貨未來的價格，預期其均不變，而且此一財貨為正常財貨，不是低級財貨或誇耀性財貨。其次，必須考慮一定的時間間隔，是一週、一個月，還是一年。因為考慮的時間不一樣，不但其購買的數量會不一樣，而且需求彈性亦不一樣。彈性的意義以下將予說明。最後個別需求乃是一種價格與願意購買的數量兩者之間的關係。

為表示價格與願意購買的數量兩者之關係，吾人常可列出一表，將價格與願意購買的數量分別列出，願意購買的數量以下吾人稱其為需求量。例如王君家庭每月對豬肉的需求如下表所示：

表 3-1　王君家庭每月對豬肉的需求表

價格	300 元/斤,	250,	200,	150,	100,	50,	…
需求量	2 斤,	3,	5,	8,	12,	18,	…

此表的意義即表示，如其他情況不變，豬肉價格每斤為 300 元，王君家庭每月願購買豬肉 2 斤，價格每斤為 250 元時，則每月願購買 3 斤，價格

每斤爲 200 元時，每月願購買 5 斤，餘類推，亦即價格愈低，每月所願購買的數量愈多，此表即稱爲王君家庭每月對豬肉的需求表。

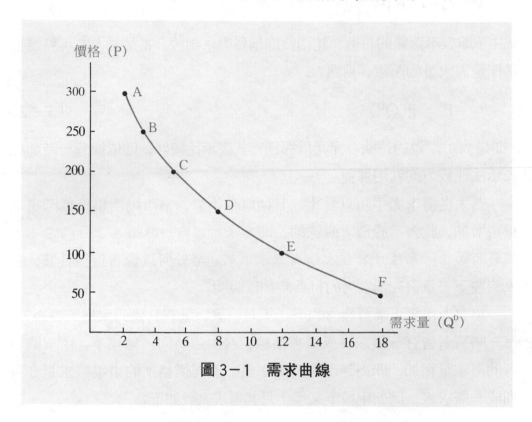

圖 3－1　需求曲線

當然吾人亦可將此數表的意義用另外的方式表示。假定吾人畫一座標圖，用縱座標表示價格，橫座標表示需求量，並在兩座標上設定適當的單位，則需求表中的每一組數均可在座標上用一點表示。例如當價格爲每斤 300 元時，需求量爲 2 斤，即座標圖上之 A 點。當價格爲每斤 250 元時，需求量爲 3 斤，即座標圖上之 B 點。當價格爲每斤 200 元時，需求量爲 5 斤，即座標圖上之 C 點，餘類推。因此需求表中之六組數，即變成座標圖中 A，B，C，D，E，F 等六個點。爲觀察或分析方便起見，吾人將點與點之間用平滑的曲線相連接，即可形成一曲線如圖中之 AF 線，此曲線即稱爲需求曲線。

除了用曲線表示需求外，吾人還可以用第三種方法表示，因爲任何一根平滑的曲線，理論上皆可以表示爲一數學的函數式。設吾人以 P 表

示價格，以 Q^D 表示需求量，則需求量即可表示為價格的函數，亦即

$$Q^D = f(P) \qquad\qquad (3-1)$$

式中 f 即表示函數的符號，此函數即稱為需求函數。當然吾人亦可將價格當作是需求量的函數，寫為

$$P = g(Q^D) \qquad\qquad (3-2)$$

g 亦是表示函數的符號。究竟以那種方式表示比較好，則依據分析時那種表示法比較方便就用那種。

吾人從需求表中可以看出，其他條件不變，當市場價格降低時需求量將增加，此表示於需求曲線的，即需求曲線是一根由左上方向右下方傾斜的曲線。此種性質吾人稱為需求法則。至於何以會有這種性質，吾人將在下一章研究消費者的行為時加以說明。

事實上市場上購買豬肉的不止王君一家，還有其他的家庭、餐廳等。每一購買者皆有一需求表或需求曲線，吾人若將同一價格下，所有購買者的需求量相加，即得到市場的需求量。不同價格下的市場需求量亦可列成一需求表。例如甲城市某年十月其需求表設如下：

表 3-2　甲城市某年十月對豬肉的需求表

價格	300 元/斤,	250,	200,	150,	100,	50,	…
需求量	20,000 斤,	30,000,	50,000,	80,000,	120,000,	180,000,	…

此即豬肉價格每斤為 300 元時，甲城市某年十月對豬肉的需求量為 20,000 斤；當豬肉價格每斤為 250 元時，其需求量為 30,000 斤，餘類推。若將表中之數字畫成曲線，即如圖 3-1 之需求曲線，不過此時橫座標之單位換成 10,000 斤。寫成需求函數，其形式亦如 (3-1) 或 (3-2) 式。因此吾人亦可將市場需求用下列定義表示：即市場需求乃假定其他條件不變，在一定期間內，對某一特定財貨，全體購買者或消費者，在各種

可能的價格下，所願意購買的數量。在此一定義中，假定不變的情況，所考慮的時間，皆與個別需求同。市場需求亦是表示價格與需求量之間的關係。

第 2 節　需求的變化

如果其他的情況有了變化，對需求將發生何種影響？例如購買者的貨幣所得增加或減少；或對此種財貨的愛好有了變化；或有關財貨的價格上漲或降低；或預期未來的價格會上漲或下跌；未來的貨幣所得會增加或減少；或此種財貨已逐漸成為低級財貨，則購買者的需求是否會發生變化？所謂其他財貨可分為兩類，一類吾人稱之為替換性財貨，即與吾人所考慮的財貨有相同的效用，能夠滿足相同的慾望，例如牛肉、鷄肉等與豬肉即為替換性財貨，因為若購買者多購買牛肉或鷄肉，很可能會減少對豬肉的購買。另一類則稱為合作性或補充性財貨，即此類財貨必須與吾人所考慮的財貨共同使用，才能產生更大的效用，例如汽油對於汽車，墨水對於鋼筆，擦鞋油對於皮鞋即是明顯之例。預期未來的價格會上漲，在物價膨脹時期常有這種預期心理。所謂低級財貨，即當吾人的所得甚低時，無能力購買更好的產品，以滿足吾人的慾望，只有購買此種產品消費。但當吾人的所得增加時，有能力購買品質高的產品消費，對這種財貨的購買量便減少。如過去農村中之蕃薯，因農民所得低，不能全消費食米，乃以蕃薯代替一部分主食。如果農民的所得增加，即能全部消費食米，對蕃薯的購買量或消費量即減少。而現在在我國連食米也逐漸成為低級財貨了。因一般家庭所得不斷增加，對肉類，奶品，水果，點心之類的消費增加，對食米的消費反而減少了。其他如豬油、五花肉、鴨蛋等，現在也慢慢成為低級財貨。

當購買者的貨幣所得增高，或購買者對此一財貨的愛好程度增加，或替換性財貨價格上漲，或預期此一財貨未來的價格會上漲，則購買者

對此一財貨在原來任何一價格下，其需求量必會增加。以表 3-2 所舉之
數字為例，若以上任一情況發生，甲城市對豬肉之需求量，當每斤價格
為 300 元時，可能不再是 20,000 斤，而是 30,000 斤。當每斤價格為 250
元時，可能不再是 30,000 斤，而是 45,000 斤，在其他價格下亦然，吾人
可將其列成另一表如下：

表 3-3　甲城市變化後的對豬肉的需求表

價格	300 元/斤,	250,	200,	150,	100,	50,	…
需求量	30,000 斤,	45,000,	75,000,	130,000,	200,000,	300,000,	…

這種由於其他情況發生變化，使在原來價格下的需求量都增加，這種現
象吾人稱為需求的增加。反之，若由於其他情況發生變化，使在原來價
格下的需求量都減少，吾人則稱為需求的減少。

　　假如將表 3-3 中的有關數字，與表 3-2 中的有關數字畫在同一個座
標上，吾人可發現由表 3-3 中數字所畫出的需求曲線，其位置必在由表
3-2 中數字所畫出之需求曲線之右方，如圖 3-2 中 A B C D E F 即原來
之需求曲線，而 A′B′C′D′E′F′即變化後的需求曲線。因此需求的增加表示
整條需求曲線移向右方。相反的，如果整條需求曲線移向左方，即表示
需求的減少。

　　由以上的分析，吾人可以分辨需求與需求量的意義不一樣，同樣需
求的變動與需求量的變動其意義亦不一樣。需求是指需求曲線的全部，
亦即整個的一根需求曲線，或整個的需求表。而需求量只表示需求曲線
上某一點所代表的數量，或需求表中某一價格下的購買量。因此需求的
變動表示整條需求曲線的移動，如需求增加，整條曲線即向右移動。如
需求減少，整條曲線即向左移動。如在圖 3-3 中，若需求曲線由原來
DD′的位置，移動到 D₁D₁′的位置，即表示需求的增加。反之，若由 D₁D₁′
的位置，移動到 DD′的位置，即表示需求的減少。引起需求變動的原因

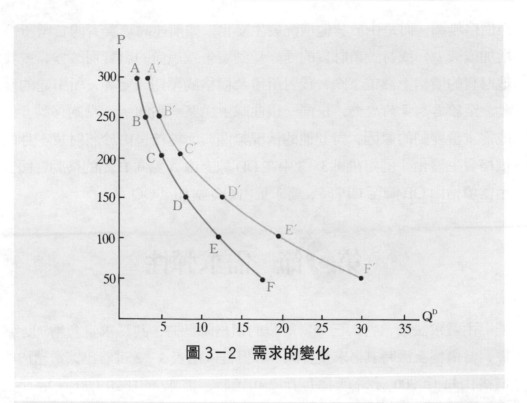

圖 3－2　需求的變化

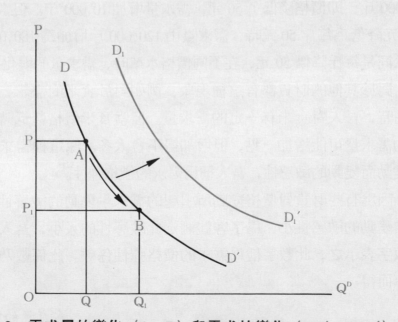

圖 3－3　需求量的變化（A→B）與需求的變化（DD′→D₁D₁′）

與價格無關，而是由於其他情況發生變化，如前述的購買者的貨幣所得增加或減少；或對該項財貨的愛好受到廣告或風尚的影響而改變；或其他財貨的價格上漲或下跌，或對所得及價格的預期改變等，所引起的變動。至於需求量的變動，是同一根曲線上由某一點向另一點的移動。促成需求量變動的原因，與其他的情況無關，而純粹是由於該財貨本身的價格發生變化。例如在圖 3-3 中在 DD′線上由 A 點向 B 點的移動，便表示當價格由 OP 降至 OP_1 時，需求量由 OQ 增加至 OQ_1。

第**3**節　需求彈性

　　由需求法則，吾人已知當財貨的價格降低時，其需求量會增加，當然，當價格上漲時其需求量會減少。但吾人由表 3-2 可看出，當豬肉的價格由每斤 300 元降低爲每斤 250 元時，需求量由 20,000 斤增加爲 30,000 斤，即價格降低了 50 元，需求量增加 10,000 斤。但當價格由每斤 100 元降低爲每斤 50 元時，需求量由 120,000 斤增加爲 180,000 斤，可見對於同是每斤降價 50 元，在不同價格水準時，需求量的變化卻不一樣。

　　對於其他的財貨都有這種現象，例如對於食米的需求，當食米價格甚高時，吾人對食米有一定的需求量。但當食米價格甚低時，吾人對食米的需求量可能增加一點，但增加得不會太多。像這種需求量隨財貨價格變動而變動的敏感性，吾人稱爲需求的價格彈性。

　　因爲有些財貨對價格變動所引起的需求量變動的敏感性大，有些財貨其變動的敏感性小，爲了客觀測定此敏感性的大小，吾人常以一單純的數字表示之，此數字稱爲需求的價格彈性係數。此係數乃由下列公式計算而得。

$$需求的價格彈性係數 = \frac{需求量變動的百分比}{價格變動的百分比} = \frac{\dfrac{需求量的變動量}{原來的需求量}}{\dfrac{價格的變動量}{原來的價格}}$$

吾人若以 E 表價格彈性係數，以 P 表示原來的價格，Q^D 表示原來的需求量，以 ΔP 表示價格的變動量，以 ΔQ^D 表需求量的變動量，則上述公式可表示為下列形態。

$$E = \frac{\dfrac{\Delta Q^D}{Q^D}}{\dfrac{\Delta P}{P}} = \frac{\Delta Q^D}{\Delta P} \cdot \frac{P}{Q^D} \qquad\qquad (3-3)$$

根據此一公式可看出，價格彈性係數乃是當價格變動百分之一時，需求量變動的百分比。吾人試依據表 3-2 的數字，計算價格由每斤 300 元，降低為每斤 250 元時，豬肉的價格彈性係數，由表 3-3，知

$$\Delta Q^D = 30,000 - 20,000 = 10,000 \qquad Q^D = 20,000$$
$$\Delta P = 250 - 300 = -50 \qquad\qquad P = 300$$

將其代入 (3-3) 式，得

$$E = \frac{10,000}{-50} \cdot \frac{300}{20,000} = -3$$

吾人再計算價格由每斤 100 元，降低為每斤 50 元時的彈性係數

$$\Delta Q^D = 180,000 - 120,000 = 60,000 \qquad Q^D = 120,000$$
$$\Delta P = 50 - 100 = -50 \qquad\qquad P = 100$$

代入 (3-3) 式

$$E = \frac{60,000}{-50} \cdot \frac{100}{120,000} = -1$$

由以上所舉之例，吾人可以看出，價格彈性係數具有下列兩項性質。

　　第一，對於正常財貨，此彈性係數的符號為負，其原因是價格與需求量變動的方向相反，價格降低，需求量會增加，反之，價格若上漲，需求量則會減少。

　　第二，除特殊情況外，在不同的價格下，彈性係數亦不一樣。在上

例中，一為 （－3），一為 （－1）。理論上可以由負無限大到零。吾人通常
將彈性係數的絕對值大於一的，稱為富於彈性的需求，絕對值小於一的，
稱為缺少彈性的需求；前者亦可稱為高彈性需求，後者亦可稱為低彈性
需求。至於彈性係數趨近於無限大的，表示價格稍有變動，需求量的增
加量趨於無限大。彈性係數等於零的，則表示不論價格的變動量如何，
需求量根本不變，即需求量的變動量等於零。這兩種情況均屬於特殊情
況。

　　以前述公式計算需求的價格彈性係數，雖很方便，但卻有一項缺點，
為說明此項缺點，吾人試將以上兩項數字之例逆向計算，即價格由每斤
250 元漲至每斤 300 元，以及價格由每斤 50 元漲至每斤 100 元，分別計算
其彈性係數。先計算前者，因

$$\Delta Q^D = 20,000 - 30,000 = -10,000 \qquad Q^D = 30,000$$
$$\Delta P = 300 - 250 = 50 \qquad\qquad\qquad P = 250$$

代入 （3-3）式，得

$$E = \frac{-10,000}{50} \cdot \frac{250}{30,000} = -1\frac{2}{3}$$

再計算後者，因

$$\Delta Q^D = 120,000 - 180,000 = -60,000 \qquad Q^D = 180,000$$
$$\Delta P = 100 - 50 = 50 \qquad\qquad\qquad P = 50$$

代入 （3-3）式，得

$$E = \frac{-60,000}{50} \cdot \frac{50}{180,000} = -\frac{1}{3}$$

計算結果，所得到的彈性係數不相同，即不等於 （－3）與 （－1）。至於
何以會產生這種結果，顯然由於吾人所採作為計算基礎的原來需求量與
價格不相同。為避免這種在同一價格變動範圍內，計算出不一樣的結果，
吾人可採取價格變動前及變動後，需求量及價格的平均數，作為計算的

基礎，將上述計算公式加以修正，修正後的公式如下：

$$E = \frac{(Q_1^D - Q_0^D)}{\frac{1}{2}(Q_1^D + Q_0^D)} \bigg/ \frac{(P_1 - P_0)}{\frac{1}{2}(P_1 + P_0)}$$

$$= \frac{(Q_1^D - Q_0^D)}{(P_1 - P_0)} \cdot \frac{(P_1 + P_0)}{(Q_1^D + Q_0^D)} \qquad (3-4)$$

式中 P_0 = 變化前的價格　　　　　P_1 = 變化後的價格

　　Q_0^D = 變化前的需求量　　　　Q_1^D = 變化後的需求量

以修正後的公式計算價格在 300 元與 250 元之間，及 100 元與 50 元之間的彈性係數則如下：

$$E = \frac{30,000 - 20,000}{250 - 300} \cdot \frac{250 + 300}{30,000 + 20,000} = -2\frac{1}{5}$$

$$E = \frac{180,000 - 120,000}{50 - 100} \cdot \frac{50 + 100}{180,000 + 120,000} = -\frac{3}{5}$$

以上係價格由每斤 300 元降爲每斤 250 元，及由每斤 100 元降爲每斤 50 元而計算者，假定吾人將價格由每斤 250 元上漲爲每斤 300 元，及由每斤 50 元上漲爲 100 元來計算，其結果相同，學者不妨自己核算一番。

　　需求除可計算價格彈性係數外，尚可計算所得彈性係數。所謂所得彈性係數，係假定財貨的價格不變，而購買者的貨幣所得增加，則對此財貨的需求量將會變動，貨幣所得變動百分之一時，需求量變動的百分比，即所得彈性係數。爲計算此一係數，只要將 (3-4) 式代表價格的符號，換成代表貨幣所得的符號即可。吾人試舉一數字之例說明如下。設某一消費者當其每月的貨幣所得爲新臺幣三萬元時，每月對豬肉的需求量爲 10 斤，當其貨幣所得增加爲新臺幣三萬五千元時，每月對豬肉的需求量增爲 12 斤，則其所得彈性爲

$$e = \frac{(12 - 10)}{(35,000 - 30,000)} \cdot \frac{(35,000 + 30,000)}{(12 + 10)} = \frac{13}{11} = 1\frac{2}{11}$$

上式中吾人用 e 代表所得彈性係數，計算結果，此人對豬肉的所得彈性係數為 $1\frac{2}{11}$，即貨幣所得平均增加百分之一時，對豬肉的需求量平均增加百分之一又十一分之二。

所得彈性係數一般具有下列性質。

第一，對於正常財貨，此彈性係數的符號為正。因對正常財貨，一般消費者如貨幣所得增加，對此財貨的需求量亦會增加，亦即需求量變動的方向與貨幣所得變動的方向相同。若此一彈性係數的符號為負，則吾人稱此種財貨為低級財貨或劣等財貨，因負號表示，若消費者的貨幣所得增加，消費者對此種財貨的需求量反而減少，表示消費者減少對此一財貨的需求量，而增加對高級財貨的需求量。

第二，若此一係數的符號為正，而係數的值小於一，通常吾人稱此種財貨為生活必需品，或不重要的財貨，如豬肉，水果，火柴之類。對豬肉與水果，當吾人的貨幣所得增加時，吾人的需求量可能會增加，但增加的幅度不會太大，因其為生活必需品。同樣吾人對火柴之需求量亦不會因貨幣所得之增加而大幅增加，因火柴是不重要的財貨。如果此一係數的符號為正，且係數的值大於一，吾人稱此種財貨為便利品或奢侈品，如高品質的衣服、高級糖果、珠寶等類均是。

第 4 節　供給的意義

決定財貨價格的另一因素為市場供給，而市場供給又由個別供給總計而得，故先分析個別供給的意義。

對個別供給吾人可下一簡單的定義：個別供給乃假定其他情況不變，在一定期間內，財貨的個別生產者或銷售者，在各種可能的價格下所願意銷售的數量。

根據此一定義，吾人應注意四點。首先，所謂其他情況不變，乃是假定生產技術不變，生產因素的價格不變，政府的財稅政策不變，以及

此一生產者或銷售者從事生產或銷售的偏好不變。如果這些條件發生變化，對個別供給將產生何種影響？下一節將予說明。其次個別供給亦要考慮時間因素，通常將時間的長短分為三種情況，第一種吾人稱為最短期，僅能以生產完成的產品提供銷售，所考慮的時間短得不足以使吾人就現有的生產設備增加生產。第二種稱為短期，即所考慮的時間不足以使吾人擴充生產規模，僅能就現有的生產規模調整產量。第三種稱為長期，即所考慮的時間足可供吾人擴大生產規模，以應付市場的需要。所以要考慮時間的長短，因為這與後面所要討論的供給彈性有關。當然多長的時間可以稱為長期，這則需看所生產的財貨的種類及生產設備的性質而定，養雞業者與煉鋼業者其長期所涵蓋的時間長度即不一樣。最後，所謂個別供給也是市場價格與願意銷售的數量，或供給量之間的關係。

為了表示這種關係，吾人可以將價格與供給量列成一表，此表即稱個別供給表。試舉一數字之例說明之，設李君以飼養毛豬並出售豬肉為業，每月豬肉價格與其豬肉的供給量可列表如下：

表 3－4　李君每月對豬肉的供給表

價格	300 元/斤，	250，	200，	150，	100，	50，	…
供給量	10,000 斤，	9,500，	8,500，	7,000，	5,000，	3,000，	…

由此表知豬肉每斤為 300 元時，李君每月的供給量為 10,000 斤，每斤為 250 元時，每月的供給量則為 9,500 斤，餘類推。價格高，其供給量多，價格低，則其供給量少。

與個別需求一樣，吾人亦可依據供給表畫出一根個別供給曲線，圖 3－4 中，橫座標表示供給量，單位為千斤。縱座標表價格，單位為元。供給表中有關的六組數值，在圖形中即 G，H，I，J，K，L 等六點，吾人將此六點聯結起來即成一根曲線，此即李君每月對豬肉的供給曲線。

同樣的，供給亦可用函數表示，若以 Q^s 表供給量，P 表價格，則供給函數可寫為下列形態，即

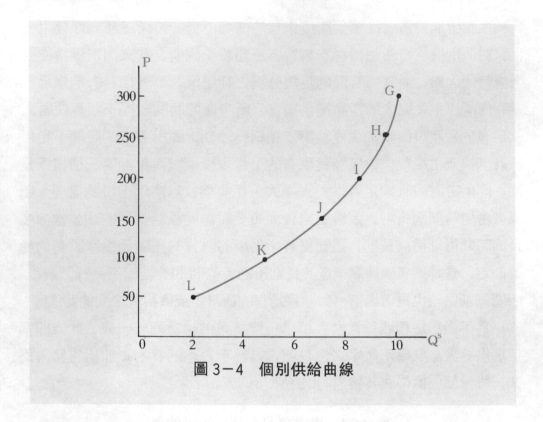

圖 3－4　個別供給曲線

$$Q^S = f(P) \qquad\qquad (3-5)$$

將供給量當作價格的函數，亦可寫爲

$$P = g(Q^S) \qquad\qquad (3-6)$$

即將價格當作供給量的函數。究竟採取那種形式，則視需要及方便的考慮而定。

　　吾人從供給表或供給曲線可以看出，當其他情況不變時，價格愈高，則供給量愈多，亦即供給曲線是一根由左下方向右上方延伸的曲線，供給的這種性質，吾人稱爲供給法則。

　　事實上飼養毛豬提供豬肉在市場銷售的不止一家，一定有很多家，每一銷售者皆有一供給表或供給曲線。吾人若將在同一價格下所有銷售者的供給量相加，即可得市場供給量，不同價格下的市場供給量亦可列

成一供給表。例如甲城市每月豬肉的供給表可如下表。

表 3-5　甲城市每月豬肉供給表

價格	300 元/斤,	250,	200,	150,	100,	50,	…
供給量	190,000 斤,	185,000,	170,000,	150,000,	120,000,	80,000,	…

即豬肉價格為每斤 300 元時，市場的供給量為 190,000 斤，價格為每斤 250 元時，市場的供給量為 185,000 斤，餘類推。若將表中之數字畫成曲線，即如圖 3-5 之市場供給曲線，吾人以 SS_1 表示。同樣，市場供給亦可寫成如 (3-5) 或 (3-6) 供給函數的形態。因此吾人可將市場供給簡單定義如下：市場供給乃假定其他情況不變，在一定期間內，某一財貨的全體生產者或銷售者，在各種可能的價格下，所願意提供銷售的數量。此一定義中，假定其不變的情況，所考慮的時間因素，皆與個別供給同。

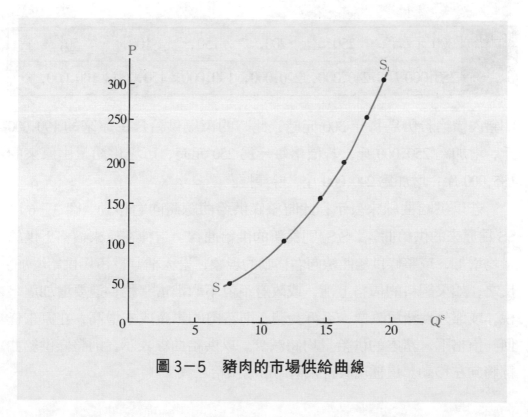

圖 3-5　豬肉的市場供給曲線

市場供給也是表示價格與市場供給量之間的關係。

第5節　供給的變化

如果其他情況發生變化，對供給將產生何種影響？例如生產技術有了進步，或是生產因素的價格有了變化，或是政府的財稅政策有所變更，或是生產者對生產此種財貨的偏好有了改變。以豬肉的供給為例，如果豬肉的供給者採用了新的品種，或是養豬所用的飼料價格降低，或是政府取消了屠宰稅，或是豬肉的供給者對養豬更有興趣，以上任何一種情況發生，養豬的成本將會降低，則在原來任何一種價格下，豬肉的供給量將會增加，以供給表來表示，表3－5可能變為下列形態：

表 3－6　甲城市變化後的豬肉供給表

價格	300 元/斤,	250,	200,	150,	100,	50,	⋯
供給量	250,000 斤,	240,000,	220,000,	190,000,	150,000,	100,000,	⋯

即豬肉價格若仍為每斤 300 元時，此時的市場供給量由原來的 190,000 斤，增加為 250,000 斤，若價格每斤為 250 元時，市場供給量由原來的 185,000 斤，增加為 240,000 斤，餘類推。

若以供給曲線來表示，此時整條供給曲線將向右移動。圖 3－6 中 SS′為原來的供給曲線，$S_1S_1′$ 則為新的供給曲線。這種在原來價格下供給量均增加，或整條供給曲線向右移動的現象，吾人稱其為市場供給增加。反之，如果飼料的價格上漲，或政府不但不取消屠宰稅，還要增加屠宰稅，或部分養豬戶改業，不再養豬，則豬肉的生產成本增高，在原來任何一價格下，豬肉的供給量均將減少。以供給曲線表示，則整條供給曲線將向左移動。這種現象吾人稱為市場供給之減少。

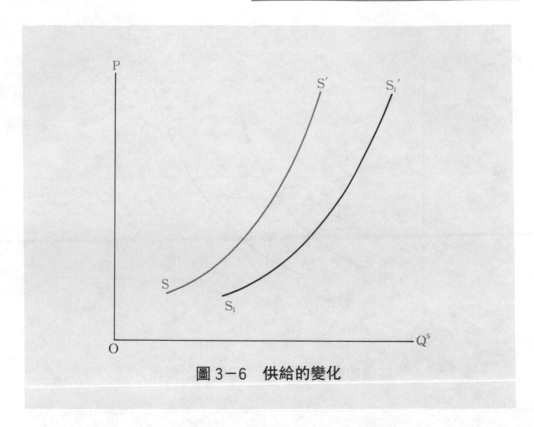

圖 3-6　供給的變化

由上述分析，吾人即可分別供給與供給量的意義有所差異，所謂供給是指整個供給表或整條供給曲線，而供給量則指供給表中某一價格下供給的數量，或供給曲線上某一點所代表的數量。同時引起供給量變化與供給變化的原因也不一樣。引起供給量變化的是其他情況不變，而由於價格的變化，使供給量發生變化，這是同一根曲線上點的移動，如圖 3-7 供給曲線由 M 點向 N 點的移動，這是由於價格上漲，故使供給量增加。至於引起供給變化的，不是由於價格變化，而是由於其他情況變化，使整條供給曲線移動，如圖 3-7 中供給曲線由 SS′ 的位置移至 S₁S₁′ 的位置，即表示供給的增加，而不是供給量的增加。

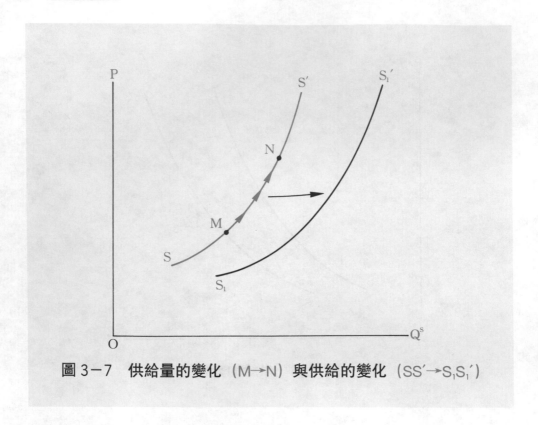

圖 3－7　供給量的變化（M→N）與供給的變化（SS′→S₁S₁′）

第6節　供給彈性

　　由於價格變動時，供給量也會發生變動，為測定供給量變化對價格變化的敏感性，吾人亦可計算供給彈性的係數，計算的公式與計算需求的價格彈性係數相似，吾人只要將計算需求的價格彈性係數公式中，代表需求量的符號用來代表供給量即可，則用相似的公式即可求出供給彈性的係數。例如吾人利用表 3－5 中的數字，計算價格在 300 元與 250 元之間，以及 100 元與 50 元之間的彈性係數如下：

$$\varepsilon = \frac{185{,}000 - 190{,}000}{250 - 300} \cdot \frac{250 + 300}{185{,}000 + 190{,}000} = \frac{11}{75}$$

$$\varepsilon = \frac{80{,}000 - 120{,}000}{50 - 100} \cdot \frac{50 + 100}{80{,}000 + 120{,}000} = \frac{3}{5}$$

上式中，ε表供給彈性係數。供給彈性係數一般的也具有下列性質。

第一，對一般財貨，供給彈性係數的符號均為正，因為供給量變化的方向與價格相同，價格上漲，供給量增加，價格下跌，供給量減少。

第二，除特殊情況外，供給彈性係數常隨價格的變動而變動，其數值可由零到無限大，通常彈性係數大於一時，吾人稱其為富於彈性的供給，或供給彈性高。彈性係數小於一時，吾人稱其為缺乏彈性的供給，或供給彈性低。若供給彈性等於零，代表不論價格如何變動，供給量根本不會變，此在古董方面，有此性質，因其根本不可能增加也。

第三，彈性係數亦是表示價格變動百分之一時，供給量變動的百分比。

第 7 節　市場均衡價格的決定

知道某一財貨的市場需求與市場供給，即可由此項需求與供給的關係，決定其市場價格。以本章所舉之豬肉為例，甲城市豬肉的市場價格究應多高？為解決此一問題，吾人可將甲城市對豬肉的需求及供給，列在同一個表內，如表 3-7 所示。

表 3-7　甲城市豬肉的需求與供給

價格	300 元/斤,	250,	200,	150,	100,	50,	…
需求量	20,000,	30,000,	50,000,	80,000,	120,000,	180,000,	…
供給量	190,000,	185,000,	170,000,	150,000,	120,000,	80,000,	…

由上表吾人可知，甲城市某月豬肉的價格將是每斤 100 元，因為唯有此一價格能使豬肉的需求量等於豬肉的供給量，買賣雙方均能滿足。假使豬肉的價格每斤不是 100 元，則不是會發生供不應求的現象，便是會發

生供過於求的現象，供給者或需求者之間的競爭，一定會使價格發生變化。例如若豬肉價格為每斤 150 元，則供給量有 150,000 斤，而需求量僅有 80,000 斤，必定會有 70,000 斤的豬肉賣不出去，供給者之間的相互競爭，必定會削價求售。反之，如果每斤價格為 50 元，則供給量僅有 80,000 斤，需求量卻有 180,000 斤，一定會有若干需求者買不到豬肉，於是購買者之間的競爭，有人一定願意付較高的價錢，於是價格便將上漲。唯有當價格為每斤 100 元時，需求量與供給量均為 120,000 斤，既沒有滯銷的現象，也沒有購買者會買不到豬肉，豬肉價格遂不會變動。這種能使供給量等於需求量的價格，吾人稱其為市場均衡價格。在此一價格之下的市場交易量，即 120,000 斤，吾人則稱其為均衡交易量。

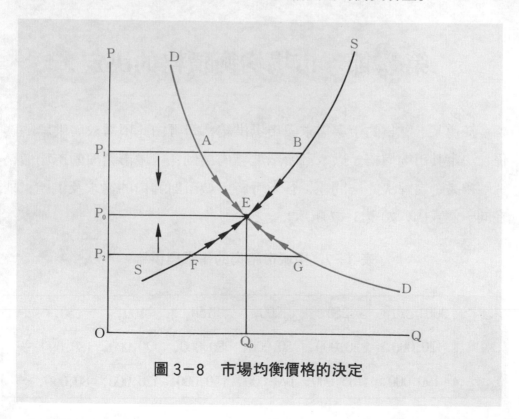

圖 3-8　市場均衡價格的決定

此一價格決定法則吾人亦可用圖形來表示，在圖 3-8 中，DD 為市場需求曲線，SS 為市場供給曲線，此二曲線相交於 E 點，吾人稱此點為市場均衡點。由 E 點看出此時的價格為 P_0，此即市場均衡價格。此時的

交易量則爲 Q_0，吾人稱其爲均衡交易量。

假定市場價格不是 P_0 而是 P_1，則因其比均衡價格爲高，此時市場供給量爲 P_1B，而市場需求量僅爲 P_1A，AB 即代表供過於求的數量，供給者相互之間的競爭會使價格下跌。在價格下跌時，供給量減少，需求量增加，最後當價格降爲 P_0 時，供給量等於需求量，價格不再變動而達到均衡狀態。反之，市場價格若爲 P_2，比 P_0 爲低，此時市場需求量爲 P_2G，但市場供給量僅有 P_2F，出現供不應求的現象，於是由於購買者之間的競爭，價格便將上漲，當價格上漲時，需求量減少，供給量增加，最後當價格漲至 P_0 時，需求量等於供給量，市場達到均衡，價格不再變動。

對於此一均衡價格吾人尚要補充說明者，市場實際價格不必然一定等於均衡價格，但總是向均衡價格接近。均衡價格與實際價格的關係，猶如海洋中的水平面與實際的水面關係一樣，水平面是一理論的靜止狀態，但實際的水面卻波濤起伏。因爲實際的水面受了風力，潮汐，及太陽月亮等吸力的關係，不可能靜止不動的，但不管實際浪濤多大，總是向理論的水平面接近的。市場上財貨的實際價格亦然，受到各種因素的干擾，總是時有變動，但不論實際的變化如何，也總是向均衡價格接近的。

第8節　供給需求的變化對均衡價格的影響

如果需求或供給發生變化，或兩者同時發生變化，則對市場均衡價格及均衡交易量將發生何種影響？吾人試以圖形的方法加以說明。圖3–9中，SS′爲市場供給曲線，假定其不變，DD′爲原來的市場需求曲線，依據市場供需關係，市場均衡價格爲 P_0，均衡交易量則爲 Q_0。今假定市場需求增加，需求曲線由 DD′移動到 D_1D_1' 的位置。因爲供給不變，由新的需求曲線與供給曲線的交點 F，可看出新的均衡價格爲 P_1，比原來的均衡價格爲高。新的均衡交易量則爲 Q_1，亦比原來的均衡交易量爲大。

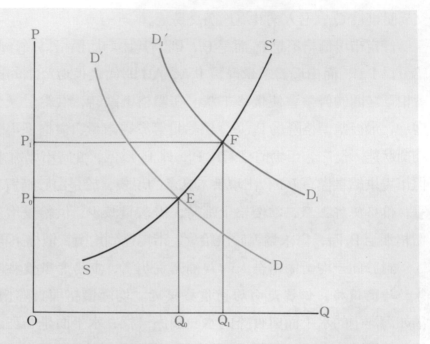

圖3-9　需求增加對均衡價格的影響：當需求由 DD′ 增至 $D_1D_1′$，則
　　　市場均衡由 E 點移向 F 點，此時均衡價格由 P_0 增至 P_1

因此吾人可以確定，當供給不變而需求增加時，則均衡價格上漲，均衡
交易量增加。反之，若需求減少，則均衡價格下跌，均衡交易量減少。

　　其次吾人假定需求不變而供給變動。DD′ 爲原來的需求曲線，SS′ 爲
來的供給曲線，均衡點爲 E，均衡價格爲 P_0，均衡交易量爲 Q_0。今假定
供給增加，供給曲線由 SS′ 的位置移動到 $S_1S_1′$ 的位置，由新的供給曲線與
需求曲線的交點 F 可看出，新的均衡價格爲 P_1，比原來的均衡價格爲低；
新的均衡交易量爲 Q_1，則比原來的均衡交易量爲多。因此，吾人可確定，
當市場需求不變而市場供給增加時，則均衡價格下跌，均衡交易量增加。
反之，當市場供給減少時，則均衡價格上漲，均衡交易量減少。

　　市場需求與市場供給同時變化，包括四種情況，即兩者同時增加，
或兩者同時減少，或市場需求增加，市場供給減少，或市場需求減少而
市場供給增加。今試以市場需求增加而市場供給減少的情況加以說明，

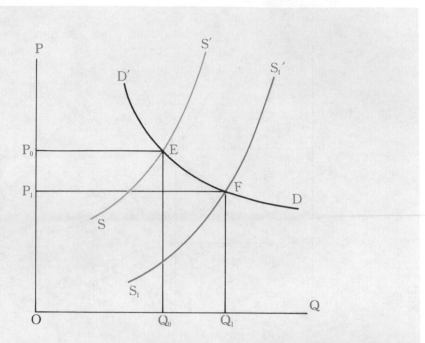

圖 3－10 供給增加對均衡價格的影響：當供給由 SS′ 增至 S₁S₁′，則
市場均衡由 E 點移向 F 點，此時均衡價格由 P₀ 降至 P₁。

其他情況不難依此類推。圖 3－11 中，DD′為原來的需求曲線，SS′為原
來的供給曲線。原來的均衡價格為 P_0，均衡交易量為 Q_0。今市場需求增
加，需求曲線由 DD′移動到 $D_1D_1′$ 的位置。而市場供給減少，由 SS′移動到
$S_1S_1′$ 的位置，新的均衡點則為 F，新的均衡價格則為 P_1，比原來的均衡價
格為高。這一點是吾人可以肯定的，因為如果供給不變而需求增加，均
衡價格會上漲。如果需求不變而供給減少，均衡價格亦將上漲；今需求
增加同時供給減少，均衡價格自然將更為上漲了。但均衡交易量究應如
何變化？吾人則無法肯定。因為如果供給不變而需求增加，均衡交易量
會增加；但如需求不變而供給減少，則均衡交易量將減少；現在需求增
加同時供給減少，其對均衡交易量的影響必將抵消一部分，因此均衡交
易量可能增加，可能減少，亦可能不變。在圖 3－11 中，均衡交易量則
略為減少。

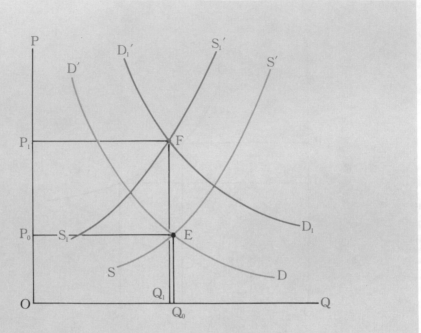

圖 3-11　需求增加，供給減少，對均衡價格的影響：當需求由 DD′
　　　　增至 $D_1D_1′$，供給由 SS′減至 $S_1S_1′$，則市場均衡由 E 點移
　　　　向 F 點，此時均衡價格由 P_0 增至 P_1。

　　這種市場需求增加同時市場供給減少的情況，在物價預期會膨脹時
期很容易會發生。因為消費者或購買者預期未來物價會上漲，若其他情
況不變，則其需求均會增加，從而市場需求亦增加。但生產者或銷售者
同樣會預期未來生產因素的價格會上漲，其生產成本會提高，因而其供
給會減少，從而市場供給亦因此減少，表現於市場的便是價格上漲，而
交易量的變動則可能不大。如果預期物價上漲的幅度愈高，則實際物價
上漲的幅度亦愈高。此特別在戰時容易發生這種現象。

第⑨節　供需法則的應用：限價與保證價格

市場需求與市場供給決定均衡價格的法則，吾人亦可用來說明若干常見的現象。首先說明限價問題。在戰爭時期，政府惟恐若干生活必需品的價格上漲，致影響一般國民的生活從而影響人心士氣，往往對某種財貨的價格加以限制，不得超過某一價格以上出售。如在圖 3－12 中，如果政府不加限制，則市場均衡價格為 P_0。假如政府認為此一價格過高，而以命令限定其價格不得高於 P_1。顯然此一價格低於均衡價格，在此一價格下市場需求量為 Q_1'，而市場供給量則僅有 Q_1，一定出現供不應求的現象，如果政府不採取其他措施，一定會出現黑市的現象，即消費者以限價根本無法買到此一財貨，必須到黑市中以高於限價很多的黑市價格，才能買到此一財貨，結果使限價成為具文。因此政府為了貫徹限價政策，必須同時採取配給制度，即規定每人僅能購買若干，不得多購。購買時除需支付貨幣外，尚須提示配給證，如此才能使有限的供給量能公平的分配。

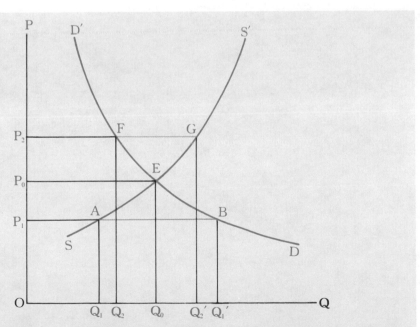

圖 3－12　限價：P_1 是價格上限，此時有 AB 之超額需求；保證價格：P_2 是保證價格，此時有 FG 之超額供給。

　　另一種情況則爲保證價格。政府爲了保護某一產業，不使此一產業的家庭平均所得，比其他產業的從業人員爲低，往往以法令提高其產品的價格。例如我國政府爲保障農家所得，對農民所生產之稻米，規定保證價格，其價格往往較市場均衡價格爲高。例如在圖 3 - 12 中，若政府不予干預，稻米的市場均衡價格將爲 P_0。若政府認爲此一價格太低，對農民不利，而規定保證價格爲 P_2，但此一保證價格高於市場均衡價格，必然會在市場出現供過於求的現象。因爲在此一保證價格下，市場需求量爲 Q_2，而市場供給量卻有 Q_2'。爲防止此供過於求的現象破壞保證價格的維持，政府往往以保證價格收購剩餘的產品加以儲存，以供產量不足時調節市場之用，或將之出口。目前我國政府即採取以保證價格收購農民所剩餘的稻米。事實上目前有很多國家，爲了保護農民，都採取對重要農產品實施保證價格制度，如美國、日本、英、法等國皆是。

摘　要

　　市場需求是假定其他情況不變，在一定期間內，全體購買者對某一特定財貨，在各種可能的情況下所願意購買的數量。假定不變的其他情況，包含購買者的偏好，購買者的貨幣所得，其他有關財貨的價格，對未來貨幣所得及價格的預期，以及該項財貨為正常財貨。

　　市場需求可以用需求表，需求曲線或需求函數來表示。

　　如果其他情況發生變化，則整條需求曲線會移動。

　　市場供給是假定其他情況不變，在一定期間內，全體銷售者對某特定財貨，在各種可能的價格下，所願意銷售的數量。假定不變的其他情況，包含生產技術，生產因素的價格，政府的財稅政策，以及銷售者本身的偏好。

　　市場供給可以用供給表，供給曲線或供給函數來表示。

　　如果其他情況發生變化，則整條供給曲線會移動。

　　由市場需求及市場供給可以決定財貨的市場價格。凡是能使市場需求量等於市場供給量的價格，稱為市場均衡價格。在此一價格下市場的交易量稱為均衡交易量。此一情況的出現則稱為市場均衡。

　　如市場需求或市場供給發生變化，均會使均衡價格及均衡交易量發生變化。通常市場需求增加，會使均衡價格上漲，均衡交易量增加。市場供給增加，會使均衡價格下降，均衡交易量增加。較複雜的情況均可依此類推。

重要名詞

個別需求　　　　　　　　　　　　　　市場需求

個別供給　　　　　　　　　　供給彈性

市場供給　　　　　　　　　　均衡價格

需求的價格彈性　　　　　　　均衡交易量

需求的所得彈性

作業題

問答題：

❶ 何謂市場需求？需求曲線一般的形態如何？

❷ 何謂市場供給？並解釋供給法則的意義。

❸ 何謂需求的價格彈性？設某一財貨當其價格每件為 50 元時，其需求量為 10,000 件，當其價格為每件 48 元時，其需求量則為 12,000 件，試求其彈性係數。

❹ 設某一財貨，當其供給增加，需求也增加時，對其均衡價格及均衡交易量的影響如何？並繪圖以說明之。

選擇題：

( )❶ 劣等財是指　(A)品質不好的瑕疵品　(B)當價格提高時，需求量會增加的貨品　(C)當所得提高，需求量會減少的貨品　(D)所得彈性大於零的商品。

( )❷ 以下那一種經濟變數改變，不會發生需求的變動　(A)所得　(B)人口成長率　(C)財貨本身價格　(D)其他財貨的價格。

( )❸ 當 X 與 Y 兩種財貨為替代品時，X 財貨的價格下降，則 Y 財貨的需求量會　(A)減少　(B)增加　(C)不變　(D)不一定。

( )❹需求律是指　(A)無論所得多少，人人皆有基本消費　(B)所得低的人，較會消費民生財貨　(C)當所得增加時，消費增加　(D)當價格增加，民眾的需求量減少。

( )❺如果稻米的所得彈性小於零，則稻米是　(A)正常財　(B)炫耀財　(C)劣等財　(D)互補品。

( )❻以下那一種變數發生變化，不會使整條需求曲線發生移動　(A)人口成長率　(B)其他財貨價格　(C)財貨本身價格　(D)所得。

( )❼瓦斯價格上漲，則瓦斯的需求量減少。這種變動稱為　(A)需求量的變動　(B)需求的變動　(C)供給量的變動　(D)供給的變動。

( )❽汽油價格上漲，則汽車的需求　(A)不變　(B)增加　(C)減少　(D)不一定。

( )❾照相機的價格提高時，底片的使用量會因而減少，這是因為照相機與底片是　(A)互補財　(B)替代品　(C)中立財　(D)劣等財。

( )❿衣服的價格上升可能是因為紡織原料的供給　(A)不變　(B)減少　(C)增加　(D)無法判斷。

( )⓫飼料漲價，雞肉的價格不變，此時雞肉的供給　(A)減少　(B)增加　(C)不變　(D)無法判斷。

( )⓬劣等財具有以下那一個特性　(A)需求的所得彈性為零　(B)需求的所得彈性為正　(C)需求的所得彈性為負　(D)需求的所得彈性大於一。

( )⓭如果蘋果供給彈性為無窮大，則當消費者的需求增加時　(A)蘋果價格上漲，交易量增加　(B)蘋果價格下跌，交易量不變　(C)蘋果價格不變，交易量不變　(D)蘋果價格不變，交易量增加。

( )⓮我們假設襯衫是正常財，則當其價格上升時，所得效果將會使襯衫的購買量　(A)增加　(B)減少　(C)不變　(D)無法判斷。

( )⓯如果政府開放稻米進口，則國內的稻米市場中　(A)稻米價格上升，數量增加　(B)稻米價格上升，數量減少　(C)稻米價格下降，數量增加　(D)稻米價格下降，數量減少。

(　)⑯如果政府對稻米實施最低保證價格，則　(A)產生供大於求　(B)產生需求大於供給　(C)廠商收入減少　(D)社會福利增加。

(　)⑰所謂「看不見的手」指的是　(A)地下經濟　(B)政府的管制　(C)價格機能　(D)民主體制。

(　)⑱依照供需法則，如果供給量大於需求量，則價格會　(A)增加　(B)減少　(C)不變　(D)無法判斷。

(　)⑲政府為了照顧農民的利益，對農產品的價格會採取那一種政策　(A)限價　(B)保證價格　(C)均衡價格　(D)市場價格。

第四章 消費行爲的研究
——效用分析法

學習目標

研讀本章之後，希望同學們對以下的主題有所瞭解。

1. 研究消費者行爲的效用分析法
2. 效用的意義與性質
3. 邊際效用遞減法則
4. 如何由效用曲線引申需求曲線
5. 消費者剩餘

上一章吾人已說明市場需求的意義，並已知道對於一般正常財貨，需求曲線是一根由左上方向右下方延伸的曲線。需求曲線何以是這種形態？它是如何產生的？因為需求來自於消費者，因此本章將進一步研究消費行為，以說明需求曲線如何產生。

研究消費行為通常有兩種方法，一種是從主觀的效用觀念著手，另一種則是從客觀的選擇行為出發。本章先研究如何由效用的意義引申出消費者的需求。

第①節　效用的意義與性質

消費者何以需要購買各種財貨？主要由於財貨能滿足他的物質慾望，對他有用，亦即財貨具有效用。但何謂效用？所謂效用即吾人使用或持有財貨時心理上所感覺到的一種滿足程度。因此財貨對吾人有效用必以該財貨能滿足吾人的慾望為必要條件。如果某種東西根本不能滿足吾人的慾望，或吾人有了它反而感到不便或厭惡，則該物便無效用，甚而具有負效用，即使得吾人產生痛苦或不愉快，如家中的垃圾、污濁的空氣皆是。其次，效用純粹是心理上一種主觀的感覺，是很難客觀的加以測定的，更不用說對不同財貨的效用去加以比較。但為了分析的方便起見，理論上對於任一特定的消費者，仍然對效用可以主觀的加以測定或比較，甚至可用某種抽象的單位來表示。

吾人由使用或保有某特定財貨所產生的效用，可用兩種不同的概念加以表示，一種概念是總效用，即吾人使用或保有某特定數量的財貨所感覺到的全部效用。假定效用可用抽象的單位表示，某一消費者對不同數量的襯衣其總效用可如下表：

即此消費者若僅有一件襯衣，其總效用為 100；若有兩件襯衣，其總效用則為 180；若有三件襯衣，則總效用為 250，餘類推。由此表顯示總效用是隨襯衣數量的增加而增加的。此與吾人自己襯衣愈多心理上愈感到滿

表 4-1　襯衣的總效用

件數	1,	2,	3,	4,	5,	6,	…
總效用	100,	180,	250,	312,	368,	420,	…

足也是一致的。

　　另一種概念是邊際效用，即消費者使用或保有的特定財貨增加一單位時，總效用的增加量。吾人由表 4-1 可看出當襯衣僅有一件時，其總效用為 100，其邊際效用亦可看成是 100。當襯衣由一件增為兩件時，總效用由 100 增加為 180，其增加量為 80，因此第二件襯衣的邊際效用即為 80。同樣，襯衣由兩件增加為三件時，總效用由 180 增加為 250，其增加量為 70，因此第三件襯衣的邊際效用即為 70。吾人由表 4-1 即可計算出不同數量襯衣的邊際效用，如表 4-2 中所列者。

表 4-2　襯衣的邊際效用

件數	1,	2,	3,	4,	5,	6,	…
邊際效用	100,	80,	70,	62,	56,	52,	…

　　無論是總效用或邊際效用，吾人皆可用圖形加以表示。圖形中橫座標表財貨的數量，縱座標表財貨的總效用或邊際效用。如圖 4-1 縱座標表總效用，吾人將表 4-1 中有關的數字，在圖形中表示出，即獲得 A，B，C，D，E，F 六點，將此六點用曲線連結起來，即總效用曲線 TU。由圖形可以看出，總效用曲線是由左下方向右上方延伸的曲線，即隨襯衣件數的增加，總效用是繼續增加的。其次，吾人若將表 4-2 中之數字，畫在圖 4-2 上，此圖縱座標表示邊際效用，亦可獲得 A′，B′，C′，D′，E′，F′六點，用曲線將此六點連結，即可得邊際效用曲線 MU。由圖形可看出這是一根由左上方向右下方延伸的曲線。

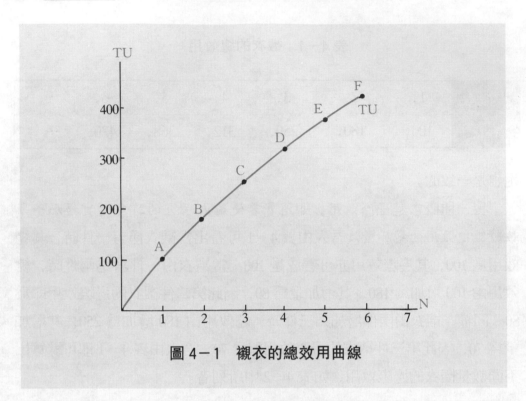

圖 4－1　襯衣的總效用曲線

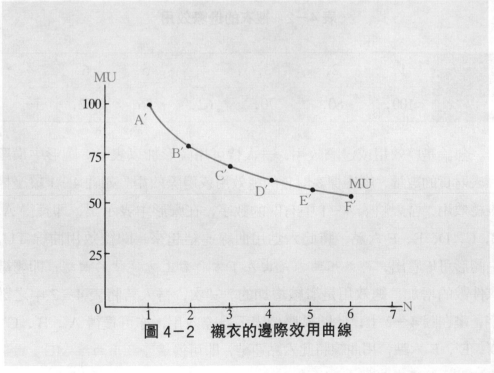

圖 4－2　襯衣的邊際效用曲線

第 2 節　邊際效用遞減法則

　　圖 4－2 中邊際效用曲線是一根由左上方向右下方延伸的曲線，表示消費者所使用或保有的襯衣數量增加，則邊際效用會遞減。這由表 4－2 同樣可看出此一現象。其實不僅襯衣是如此，任何財貨均有此性質，此種隨財貨數量增加其邊際效用遞減的現象，吾人稱為邊際效用遞減法則。亦即當吾人所消費或保有的財貨數量增加時，此財貨的邊際效用會逐漸遞減。

　　財貨的邊際效用何以會遞減？這主要由於兩個原因。第一個原因是當吾人的慾望獲得部分滿足後，慾望的強度會降低，因此對繼續增加的此一財貨，心理上所感覺的滿足程度自然會降低。以喝水為例，當吾人十分口渴時，喝第一杯水感到非常滿足，因此其邊際效用很高。但吾人已喝了第一杯水以後，口渴的感覺已降低，因此喝第二杯水時，自不如第一杯水來得滿足，亦即第二杯水的邊際效用便降低。同樣第三杯水的邊際效用會更低。第二個原因是，財貨的用途可能不止一種，各種用途對吾人的重要性均不一樣，吾人必然用這種財貨先使用於最重要的用途，待這方面的慾望獲得適當滿足後，再使用於次一重要的用途，因此其滿足程度自亦降低，即邊際效用降低。再以水為例，水為維持生命所不可少，但水亦可用於洗臉，沐浴，洗衣，澆花，洗汽車等等。但吾人遇到缺水時期，所能獲得之水的數量甚少，則吾人必將其用於烹煮食物及飲用，以維持生命。如果水的數量增多，除食用飲用外，尚有多餘，則吾人可進一步用來洗臉、沐浴。若水的數量再多，不但洗臉沐浴不虞缺乏，亦有餘可作他用，則吾人必將用之於洗衣，澆花，洗汽車等。因吾人先將其用於最重要的用途，滿足最迫切的慾望，自然其邊際效用高。等到使用於次要的用途，其慾望較不迫切，吾人感到滿足的程度自亦降低，亦即其邊際效用便隨財貨數量的增加而降低了。水是如此，襯衣的情形

亦係如此。

第**3**節　由效用曲線引申需求曲線

　　已知某一財貨的邊際效用及其變化，即可據以引申出消費者對該財貨的需求。在未引申以前，吾人尚須提出一項假定，即任何個人在短期間其貨幣的邊際效用是固定的。貨幣是代表一般的購買力，可用以購買各種財貨。貨幣本身雖不能直接使用以滿足吾人的慾望，但其所能購買的財貨卻能滿足吾人的慾望，因此貨幣對吾人亦有效用，理論上貨幣對吾人的邊際效用亦是遞減的，不過因貨幣可以購買各種財貨，因此貨幣的邊際效用必然遞減得很慢。同時在短期間個人的所得往往是固定的，為方便計，吾人不妨假定在短期間貨幣對個人的邊際效用是固定的。當然從長期觀察，當個人的所得增加時，則貨幣的邊際效用會減少。同樣，不同的個人之間，由於所得不相等，則貨幣的邊際效用亦不相等，通常所得高的人，其貨幣的邊際效用較低，所得低的人，其貨幣的邊際效用則較高。

　　消費者對財貨的購買是一種交換行為，即支出貨幣以交換財貨，亦等於放棄貨幣的效用，交換財貨的效用。如果在某一價格下，交換所得到的財貨之邊際效用，比支出的貨幣之邊際效用來得高，則繼續交換對購買者有利，購買者必增加購買。反之，若交換所得到的財貨之邊際效用，比支出的貨幣之邊際效用來得低，顯然對購買者不利，消費者必減少購買。在交換過程中，隨交換的財貨數量之增加，財貨的邊際效用必將遞減，而貨幣的邊際效用則保持不變，購買者為達到最大的滿足，必須購買到這種程度，即所購買到的最後一單位財貨，平均所支出的每一貨幣單位所收回的邊際效用，剛好等於貨幣的邊際效用，這種狀態，吾人稱為消費的均衡。例如吾人假定貨幣的邊際效用為 0.2 單位，襯衣的價格為每件 350 元，消費者若僅購買一件，此時襯衣的邊際效用為 100，

他平均每花一元由襯衣所收回的邊際效用則為 0.286，顯然比貨幣的邊際效用來得高，則他增加購買為有利。當他購買三件時，則襯衣的邊際效用降為 70，他平均每花一元由襯衣所收回的邊際效用降為 0.2，剛好等於貨幣的邊際效用，對消費者言則是最適當的購買量。如果他買了四件，則襯衣的邊際效用降為 62，他平均每花一元由襯衣所收回的邊際效用降為 0.177，顯然比貨幣的邊際效用 0.2 來得低，表示他有了損失，他必然不會購買第四件。吾人若以 MU_X 表襯衣的邊際效用，P_X 表襯衣的價格，MU_M 表貨幣的邊際效用，P_M 表貨幣的價格，實際上貨幣的價格等於一，因為一元的價格就是一元。上述消費均衡的條件即可用下式表示：

$$\frac{\text{襯衣的邊際效用}}{\text{襯衣的價格}} = \frac{MU_X}{P_X} = \frac{\text{貨幣的邊際效用}}{\text{貨幣的價格}} = \frac{MU_M}{P_M} = MU_M$$

亦即
$$\frac{MU_X}{P_X} = MU_M \tag{4-1}$$

假如襯衣的價格降低，由每件 350 元降為每件 280 元，顯然此時消費者必然會購買五件，因為購買五件時，襯衣的邊際效用為 56，其價格既然為 280 元，則平均每支出一元由襯衣所收回的邊際效用為 0.2，等於貨幣的邊際效用。如果是其他的價格，可以依此類推。

如果吾人已知財貨的邊際效用曲線，即可由此曲線引申出此財貨的需求曲線。將 (4-1) 移項得

$$MU_X = P_X \cdot MU_M \tag{4-2}$$

如果知道財貨的價格為若干，則上式右端為一固定常數，在圖形中即可用一根直線來代表它。圖 4-3 中的(a)圖，MU_X 即表示財貨的邊際效用曲線，若價格為 P_1，$P_1 \cdot MU_M$ 為一常數，圖中即用一根平行於橫座標的直線 $P_1 \cdot MU_M$ 來表示，在縱座標上所代表的數值即 $P_X \cdot MU_M$。此直線與邊際效用曲線相交於 A 點，由 A 點知若購買量為 X_1 單位，則

$$MU_X = P_1 \cdot MU_M$$

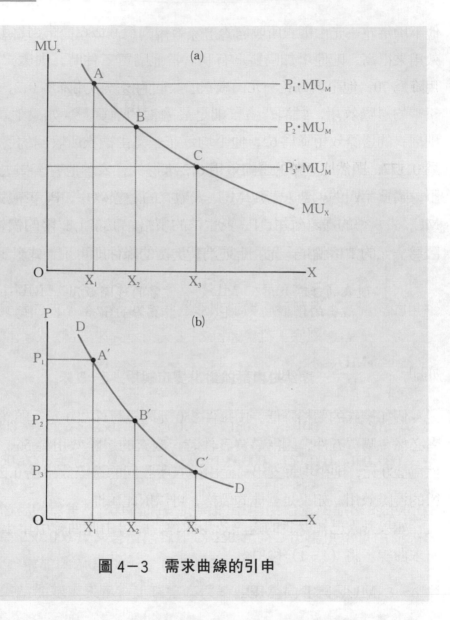

圖 4－3　需求曲線的引申

的條件能滿足，因此得知若財貨的價格為 P_1 時，需求量必為 X_1。其次若價格為 P_2，而 $P_2 < P_1$，則 $P_2 \cdot MU_M < P_1 \cdot MU_M$，吾人即可以一根較低的平行於橫座標的直線代表此一數值，而此直線則與邊際效用曲線相交於 B 點。由 B 點知購買量若為 X_2，則能滿足

$$MU_X = P_2 \cdot MU_M$$

的條件，因此若價格為 P_2 時，需求量則為 X_2。同理若價格為 P_3，而 $P_3 <$ P_2，則由圖形中最低的一根平行於橫座標的直線，與邊際效用曲線相交於 C 點，由 C 點知價格為 P_3 時，購買量若為 X_3 時，則能滿足

$$MU_X = P_3 \cdot MU_M$$

的條件，故知價格若為 P_3 時，需求量必為 X_3。

　　(a)圖中縱座標所代表的是邊際效用，不是價格，若是吾人將(a)圖中所顯示的意義，移轉到另一圖形中，即可引申出對財貨的需求曲線，(b)圖即是這樣的圖形。圖中縱座標所代表的是財貨的價格。若價格為 P_1，由(a)圖已知需求量為 X_1，吾人可同樣得到一 A′點。同樣，價格為 P_2 時，由(a)圖知需求量為 X_2，得到一 B′點，價格為 P_3 時，需求量為 X_3，吾人又得到一 C′點，連同其他的點，吾人即可引申出一曲線 DD，此曲線即對財貨 X 的需求曲線，而此曲線的形態是由左上方向右下方延伸的曲線。

　　吾人不僅由效用原理可引申出對某一特定財貨的消費均衡，因為消費者所需求的財貨不是一種，而是很多種，由 (4-1) 式吾人亦可引申出對多種財貨的消費均衡。假定除 X 財貨外，消費者還需要 Y 財貨，Z 財貨等，當消費均衡時，每一種財貨皆需滿足均衡條件，亦即

$$\frac{MU_X}{P_X} = MU_M, \quad \frac{MU_Y}{P_Y} = MU_M, \quad \frac{MU_Z}{P_Z} = MU_M \cdots$$

將以上各式寫成連等式，即

$$\frac{MU_X}{P_X} = \frac{MU_Y}{P_Y} = \frac{MU_Z}{P_Z} = \cdots = MU_M \tag{4-3}$$

(4-3) 式表示，當達到多財貨消費的均衡時，必須在每一種財貨上平均所花每一貨幣單位所收回的邊際效用均相等，並且等於貨幣的邊際效用。由此一條件吾人可以瞭解，在吾人的家庭中，冰箱的邊際效用決不等於一枝鉛筆的邊際效用，冰箱的邊際效用高，鉛筆的邊際效用低，但因冰箱的價格高，鉛筆的價格低，吾人購買冰箱平均每一元所收回的邊際效

用，必等於吾人在購買鉛筆上平均每一元所收回的邊際效用，而且也等於貨幣的邊際效用。

第 *4* 節　消費者剩餘

　　上一節分析當消費均衡時，消費者平均每一元所收回的財貨的邊際效用，應等於貨幣的邊際效用。但因假定貨幣的邊際效用不變，而財貨的邊際效用是遞減的，因此交換完成以後，消費者由財貨所獲得的總效用，一定大於所支出的貨幣的總效用。茲以上一節所舉之例加以說明，若襯衣的價格爲每件 350 元，此消費者一定購買三件，三件襯衣的總效用爲 250。爲購買此三件襯衣，消費者共用去 350×3＝1,050 元，因每元的邊際效用爲 0.2，1,050 元的總效用則爲 1,050×0.2＝210，顯然比 250 來得小，此相差之 40 可稱爲消費者剩餘，亦即消費者在交換後所獲得的主觀上的利得。

　　此消費者剩餘亦可用貨幣形態表示。根據此消費者由襯衣所獲得之效用，若襯衣的價格每件爲 500 元，此消費者必定購買一件。若其價格爲每件 400 元，此消費者必定購買兩件，襯衣實際的價格則爲每件 350 元，故此消費者實際買了三件。假定此襯衣的銷售者爲完全獨占，僅此一家，沒有第二家出售襯衣，而此獨占者的價格如此規定，即買一件價格爲 500 元，如果買兩件則總價爲 900 元，並非是每件 450 元，而是第一件 500 元，第二件 400 元。如果買三件則總價爲 1,250 元，即第三件 350 元。如果此一消費者因別無選擇，他必須支付 1,250 元購買三件襯衣。但事實上襯衣的銷售者不是完全獨占，襯衣的價格只有一種，即每件 350 元，在此一價格下消費者愛買幾件就可以買幾件，因此消費者如果買三件，他只要支付 1,050 元即可，比銷售者爲完全獨占者可以少支付 200 元，此 200 元即是他的消費者剩餘。此 200 元乃以貨幣表示者，與以上效用表示者實質一樣，因 200 元的總效用亦是 40 也。

　　因此吾人可為消費者剩餘下一定義如下：由於銷售者並非完全獨占，財貨的價格只有一種，消費者購買某項財貨，他願意支付的最高價款，與他實際所支付的價款之間的差額，稱為消費者剩餘，此代表消費者心理上的一種利得。

　　消費者剩餘亦可用圖形來表示，圖 4-4 中 DD′ 為需求曲線，假定與縱座標相交於 D 點，市場價格為 P_0，消費者的購買量為 Q_0，消費者所實際支付的價款為 $OP_0 \times OQ_0$，亦即長方形 OP_0AQ_0 的面積所代表的數值，消費者所願意支付的最高價款則為梯形 $ODAQ_0$ 的面積所代表的數值，兩者面積的差額，即有陰影的三角形 P_0DA 的面積所代表的數值，即為價格為 P_0 時的消費者的剩餘。

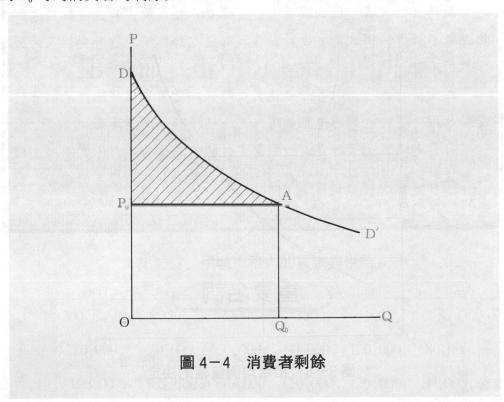

圖 4-4　消費者剩餘

摘　　要

　　消費者使用或保有某種財貨，心理上所感到的滿足程度稱爲效用。

　　消費者因使用或保有某種財貨所感到的全部效用，稱爲總效用。所使用或保有的財貨增加一單位時，總效用的增加量，稱爲邊際效用。

　　隨使用或保有財貨數量的增加，邊際效用有遞減的現象，此種現象稱爲邊際效用遞減法則。

　　因爲貨幣代表一般的購買力，能購買各種財貨，其邊際效用遞減的現象不顯著，因此爲方便計，吾人假定在短期間，貨幣對個人的邊際效用不變。

　　在交換行爲中，購買者必使其平均每一貨幣單位所購得的財貨的邊際效用，等於貨幣的邊際效用，此一條件稱爲消費均衡。

　　消費者購買某項財貨，所願意支付的最高價款，與他實際所支付的價款之間的差額，以貨幣表示者稱爲消費者剩餘，代表消費者主觀上的一種利得。

重要名詞

效用	邊際效用遞減法則
總效用	消費均衡
邊際效用	消費者剩餘

作業題

問答題：

❶ 試解釋效用的意義。並說明何謂總效用？何謂邊際效用？

❷ 邊際效用何以會遞減？試解釋其原因。

❸ 達到消費均衡必須滿足何種條件？如消費者購買多種財貨，其消費均衡的條件如何？

❹ 若茶葉每斤 1,000 元，消費者每月僅購買一斤，若每斤為 800 元，消費者每月願購買兩斤，若每斤為 600 元，消費者則願購買三斤。今設茶葉價格為每斤 600 元，試問此消費者的消費者剩餘為多少？

選擇題：

（　）❶ 如果一個特定產品的消費量增加，則 (A)總效用與邊際效用都增加 (B)總效用減少，邊際效用增加 (C)總效用與邊際效用都減少 (D)總效用增加，邊際效用減少。

（　）❷ 當總效用隨著財貨消費量的增加而增加時，此時邊際效用應 (A)大於 0 (B)小於 0 (C)等於 0 (D)無法決定。

（　）❸ 邊際效用遞減時，總效用 (A)減少 (B)增加 (C)不變 (D)不一定，需視邊際效用的正負。

（　）❹ 假設消費 1，2，3 單位的商品總效用為 50，80，95，則對應的邊際效用為 (A)50，30，15 (B)30，15，45 (C)15，30，50 (D)無法決定，30，15。

( )❺下列何者顯示消費者對某一物品的消費已達最大的滿足 (A)邊際效用大於零 (B)邊際效用等於商品價格 (C)邊際效用等於總效用 (D)邊際效用等於零。

( )❻消費者剩餘意即 (A)消費者實際支付的價款與消費者所願意支付的最高價款之間的差額 (B)消費者購物之後的剩餘所得 (C)物品打折時,消費者所賺取的所得 (D)供給價格與需求價格的差額。

( )❼消費者剩餘的衡量為 (A)需求曲線與橫軸之間的面積 (B)需求曲線與水平的價格線之間的面積 (C)需求曲線的面積 (D)供給曲線與橫軸之間的面積。

( )❽其他情況不變,一種財貨的供給增加,消費者剩餘會 (A)增加 (B)減少 (C)不變 (D)無法決定。

( )❾以下何者不符合邊際效用理論 (A)消費均衡時每一種產品的邊際效用都相等 (B)消費增加將導致邊際效用遞減 (C)邊際效用為正值時可達消費均衡 (D)邊際效用遞減不代表邊際效用一定是正值。

( )❿一定期間消費者消費某物之數量增加,其邊際效用終會 (A)遞減 (B)遞增 (C)不變 (D)無法判斷。

( )⓫如果蘋果的邊際效用為正值,則下列何者為正確 (A)蘋果的總效用在下降 (B)蘋果的總效用不變 (C)消費者剩餘為負 (D)蘋果的總效用在增加。

( )⓬如果 X 財貨的邊際效用與價格的比值小於 Y 財貨的邊際效用的與價格的比值,則消費者應該多購買何種產品以提高總效用 (A)X 財貨 (B)Y 財貨 (C)不需再購買 (D)無法判斷。

( )⓭理性的消費者從事消費決策的目的是 (A)使其邊際效用最大 (B)使其邊際效用等於價格 (C)使每一貨幣單位所能購得的各種財貨邊際效用相等 (D)購買價格下跌的商品。

第五章 消費行爲的研究
——無異曲線分析法

學習目標

研讀本章之後，希望同學們對以下的主題有所瞭解

1. 研究消費者行爲的無異曲線分析法
2. 無異曲線的意義
3. 無異曲線的性質
4. 邊際替換遞減法則
5. 價格線的意義
6. 如何決定消費均衡
7. 所得效果的意義
8. 價格效果的意義
9. 如何由無異曲線引申需求曲線

第 *1* 節　無異曲線的意義

上一章對消費行為的研究，乃依據效用原理。但效用乃消費者主觀上的感覺，很難客觀的加以測定，因此乃產生了另一種分析的方法，此即選擇理論中的無異曲線分析法。此種方法對消費者的行為，可客觀的加以測定。

吾人由自己的直覺都知道，對於任何正常財貨，吾人總覺得愈多愈好。對於不同的兩組財貨，吾人能清楚的識別，對那一組更為偏愛，如吾人只能選擇一組，一定會選擇較為偏愛的那組。也可能對兩組吾人都覺得一樣好，無所差異。由這些行為傾向，吾人即可引申出無異曲線。

設消費者對蘋果與梨子的愛好情況為，4 個蘋果加 10 個梨子，與 5 個蘋果加 8 個梨子，或 6 個蘋果加 7 個梨子的偏好一樣，對於有相同偏好的蘋果與梨子的各種組合，吾人可列表如下：

表 5-1　有相同偏好的蘋果與梨子組合表

蘋果	1,	2,	3,	4,	5,	6,	…,	20,	30
梨子	25,	18,	13,	10,	8,	7,	…,	2,	1

如果吾人以橫座標表蘋果的數量，縱座標表梨子的數量，表 5-1 中的各組數即可畫為圖 5-1 中之各點，圖中吾人以 X 表示蘋果，以 Y 表示梨子。圖中 A 點即表示 1 個蘋果與 25 個梨子的組合點，B 點表示 2 個蘋果與 18 個梨子的組合點。同樣 G 點表示 20 個蘋果與 2 個梨子的組合點，H 點則表示 30 個蘋果與 1 個梨子的組合點。吾人若將各點連接起來，即可描繪成一曲線，此曲線即消費者對蘋果與梨子的無異曲線。因此吾人可對無異曲線下一定義：即保持消費者的偏好不變，兩種財貨間各種可能組合所形成的軌跡。

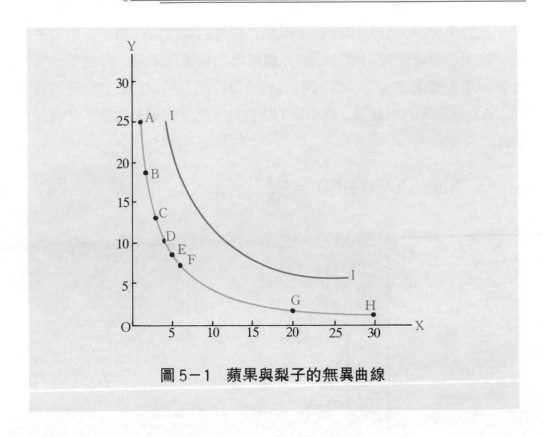

圖 5－1　蘋果與梨子的無異曲線

第❷節　無異曲線的性質

無異曲線當然不止一根，如果吾人從另一組合點開始，例如 4 個蘋果加 20 個梨子，顯然這比 4 個蘋果加 10 個梨子的偏好要來得高。吾人由這一組合開始，把有同樣偏好的其他組合列出，也在圖形中畫成曲線，此一曲線必在原來曲線的右上方，如圖 5－1 中的 II 線。以同樣的方法可求出其他的無異曲線。一般的，*消費者偏好愈高的曲線，其位置必離原點愈遠，偏好愈低的曲線，其位置必離原點愈近。*

由表 5－1 吾人可看出，當消費者有 2 個蘋果 18 個梨子時，把蘋果增加爲 3 個，爲了維持其偏好不變，消費者必須放棄 5 個梨子，即成爲 3 個蘋果加 13 個梨子。同樣如果再增加一個蘋果，消費者必須再放棄 3 個梨子，即成爲 4 個蘋果加 10 個梨子。這種隨蘋果每次增加 1 個而需放棄的

梨子數愈來愈少，這是因爲蘋果增加，蘋果的邊際效用減少，而梨子減少，故梨子的邊際效用增加，因此繼續增加蘋果的數量，所需要放棄梨子的數量便愈來愈少了。爲說明這種現象，吾人用 ΔY 表示梨子的減少量，ΔX 表蘋果的增加量，則兩者的比值吾人稱其爲蘋果對梨子的邊際替換率，亦即

$$MRS(邊際替換率) = \frac{\Delta Y}{\Delta X}$$

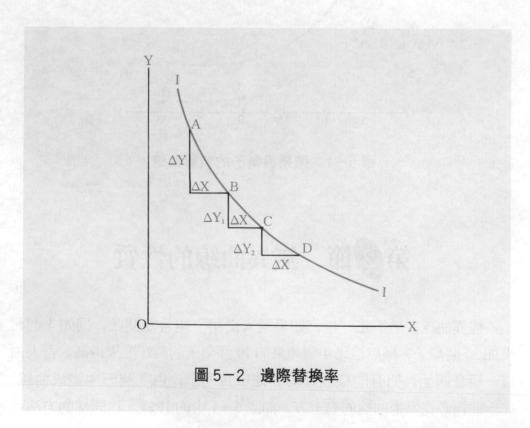

圖5-2　邊際替換率

在圖5-2中，II 爲無異曲線，由 A 點到 B 點，X 增加 ΔX，Y 則減少 ΔY，邊際替換率即 $\frac{\Delta Y}{\Delta X}$。同樣由 B 點到 C 點，X 增加同樣的 ΔX，Y 則減少 ΔY_1，其邊際替換率即爲 $\frac{\Delta Y_1}{\Delta X}$。由 C 點到 D 點，X 增加同樣的 ΔX，Y 則減少 ΔY_2，邊際替換率則爲 $\frac{\Delta Y_2}{\Delta X}$。由此圖形吾人亦可看出，每次 X 增

加的數量相同，而 Y 所減少的數量則逐漸變小，亦即 $\Delta Y_2 < \Delta Y_1 < \Delta Y$，因此邊際替換率也隨 X 的增加而逐漸遞減，這種性質吾人稱為邊際替換遞減法則，亦即若維持消費者的偏好不變，而繼續增加某一財貨的數量，則此一財貨對另一財貨的邊際替換率不斷遞減。

第3節　價格線與消費均衡

　　無異曲線所表示的仍然是消費者主觀的評價，如果吾人希望由無異曲線引申出消費者對某項財貨的需求曲線，還須進一步知道有關客觀的資訊，此即這兩種財貨的價格，及消費者計畫用於購買這兩種財貨的總支出。設吾人以 P_X 及 P_Y 表示這兩種財貨的價格，此乃由市場決定，吾人已知其固定不變。以 E 表示消費者用於購買這兩種財貨的總支出，這三個數值之間必然具有下列關係，即

$$P_X \cdot X + P_Y \cdot Y = E \qquad\qquad (5-1)$$

此式吾人稱為預算方程式，$P_X \cdot X$ 為用於購買 X 財貨的支出，$P_Y \cdot Y$ 為用於購買 Y 的支出，兩者之和必等於總支出 E。設 E、P_X 及 P_Y 均為已知，則吾人可用圖形來表示，在圖 5－3 中 SR 線即此預算方程式的圖形。其中橫座標上的截距 OR 表示，將全部支出全用於購買 X 財貨所能購得的數量。縱座標上的截距 OS 表示，全部支出全用於購買 Y 財貨所能購得的數量。SR 線上的點則表示兩種財貨皆購買，各種可能數量的組合點。愈靠近 S 點表示所購得的 Y 財貨較多，X 財貨較少。愈靠近 R 點表示所購得的 X 財貨愈多，Y 財貨愈少。RS 線亦可稱為價格線。

　　價格線所表示的是這兩種財貨市場上客觀的交換比。吾人如果把價格線與消費者的無異曲線畫在同一個圖形上，便可以求出消費均衡。圖 5－4 即是這樣一個圖形，吾人僅畫出三條無異曲線做代表，RS 為價格線。圖形中無異曲線 II II 不與價格線相交，表示以消費者總支出 E 的購

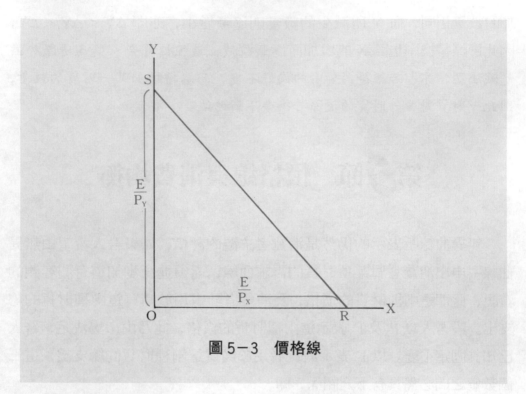

圖5-3　價格線

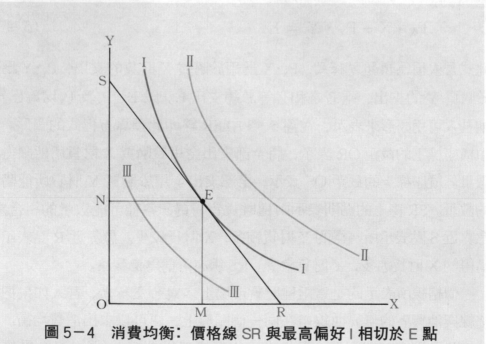

圖5-4　消費均衡：價格線 SR 與最高偏好 I 相切於 E 點

買力，不可能達到 II II 所代表的偏好。無異曲線 III III 落在價格線的左側，表示消費者能得到這曲線所代表的偏好，但這偏好卻不是最高的。無異曲線 I I 則與價格線相切於一點 E，此 E 點代表兩種意義，一是 E 點在價格線上，故消費者能購買到 E 點所表示的兩種財貨的組合量。同時 E 點也在無異曲線上，表示消費者能達到 I I 線所代表的偏好，同時這也是他所能達到的最高偏好，因為比 I I 線有更高偏好的無異曲線，便不能與價格線相切，因此吾人稱 E 點為消費均衡點。由 E 點可看出，為獲得最大偏好或滿足，消費者對 X 的購買量必為 OM，對 Y 的購買量則為 ON。

第 **4** 節　所得效果與價格效果

如果兩種財貨的市場價格不變，而消費者用於購買這兩種財貨的支出增加，則對這兩種財貨的購買量會產生什麼影響？圖 5 - 5 中 E 點為原來的均衡點，消費者原來對 X 財貨的購買量為 OM，對 Y 財貨的購買量則為 ON。現消費者因所得增加，用於購買這兩種財貨的支出亦增加，因此價格線由原來 RS 的位置，平行右移至 GH 的位置，所以會平行移動，是因為這兩種財貨的市場價格不變。此一新的價格線明顯的將與另一更高的無異曲線 II II 相切於一點 F，此 F 點代表新的均衡點。吾人由 F 點可看出，在正常情況下，消費者對這兩種財貨的購買量都會增加，對 X 財貨的購買量由 OM 增加為 OT，而對 Y 財貨的購買量則由 ON 增加為 OV。這種均衡點由 E 點向 F 點的移動，而使消費者對兩種財貨購買量發生變動的現象，吾人稱為所得效果。

當然亦有總支出增加，對其中某一種財貨的購買量反而會有減少的現象，對這種財貨吾人稱之為劣等財貨或低級財貨。

其次，如果消費者的支出不變，Y 財貨的價格不變，而 X 財貨的價格變動，設為降低，對消費者將產生何種影響？特別對 X 財貨的購買量

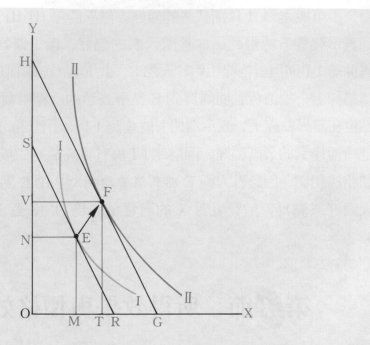

圖5−5　所得效果：當價格線由 SR 右移至 HG，消費均衡由 E 點移
至 F 點。

將產生何種影響？在圖5−6中，RS 為原來的價格線，E 點為原來的消費
均衡點，消費者對 X 財貨的購買量為 OM，今假定消費者的支出不變，Y
財貨的價格不變，而 X 財貨的價格降低，價格線必將反時鐘方向旋轉而
至 R′S 的位置。因為 Y 財貨的價格不變，故以不變的支出仍能購買 OS
數量的 Y 財貨，而 X 財貨的價格降低，故以不變的支出，所能購得的 X
財貨的數量由 OR 增加為 OR′，R′S 即為新價格線的位置。此一新價格線
必定與一更高的無異曲線 II II 相切於一點 G。由 G 點吾人會發現在新的
價格下，消費者對 X 財貨的購買量會增加，由原來的 OM 增加為 OM′。
至於對 Y 財貨的購買量，可能會減少，也可能不變，如果 X 財貨價格降
低的幅度夠大，對 Y 財貨的購買量亦可能增加。這種因 X 財貨價格下跌，
消費均衡點由 E 點移向一更高無異曲線的另一點的現象，吾人稱之為價
格效果。

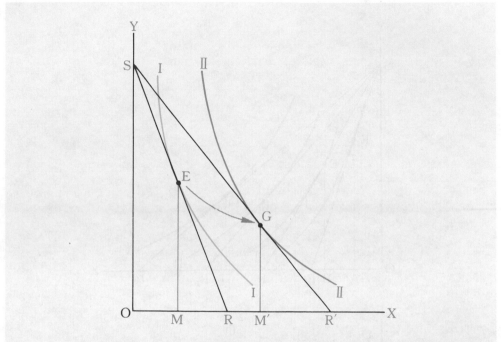

圖 5-6　價格效果：當 X 商品價格下降，消費均衡由 E 點移至 G 點。

第**5**節　由無異曲線引申需求曲線

　　吾人已知價格效果的意義，即可經由無異曲線引申出消費者對某一財貨的需求曲線。在圖 5-7 的(a)中，此為消費者的無異曲線圖。吾人假定消費者的支出不變，Y 財貨的價格不變，對不同的 X 財貨的價格，吾人希望引申出對 X 財貨的需求曲線。設 X 財貨的價格為 P_1，此一價格較高，吾人所畫出之價格線為 R_1S，此一價格線與無異曲線 I 相切於 E_1 點，由 E_1 點知消費者對 X 財貨的購買量將為 OA。次設價格若為 P_2，此價格較 P_1 為低，故所畫出之價格線為 R_2S，此價格線與無異曲線 II 相切於 E_2 點，由 E_2 知消費者對 X 財貨的購買量將為 OB。若價格再低而為 P_3，則所畫出之價格線為 R_3S，此價格線則與無異曲線 III 相切於 E_3 點，由 E_3 點知消費者對 X 財貨的購買量為 OC。最後假定價格為 P_4，比 P_3 還低，

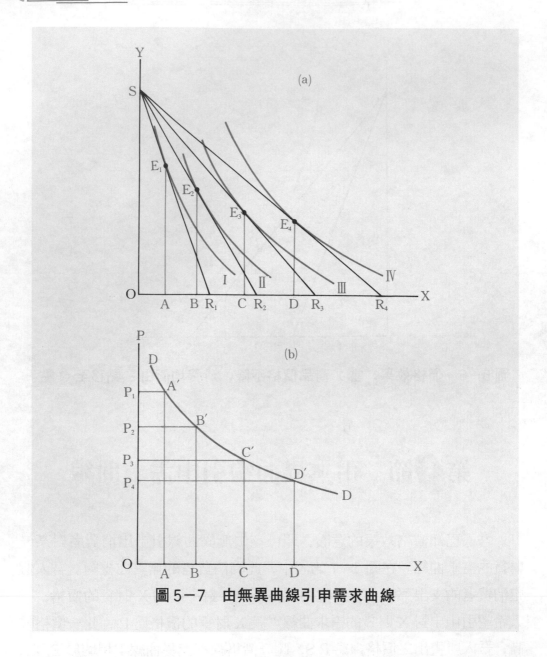

圖5－7　由無異曲線引申需求曲線

則畫出之價格線為 R_4S，此一價格線與無異曲線 IV 相切於 E_4，由 E_4 知消費者對 X 財貨的購買量將為 OD。餘類推。

　　如果吾人將(a)圖中所獲得之結果，移轉到另一圖形上，即可引申出需求曲線。因(a)圖的縱座標不是表示價格，不同的 X 財貨的價格，僅表現在不同的價格線上。今在(b)圖中吾人若以縱座標表 X 財貨的價格，在

其上分別標示出 P_1，P_2，P_3 及 P_4。橫座標依舊表示 X 財貨的數量。由(a)圖吾人已知當價格為 P_1 時，對 X 財貨的購買量為 OA，吾人即可在(b)圖中找到一點 A′，代表價格為 P_1 時購買量為 OA 之組合點。同理，當價格為 P_2 時，吾人由(a)圖，知對 X 財貨的購買量為 OB，吾人即可在(b)圖中找到一點 B′，代表價格為 P_2 時購買量為 OB 之組合點。同理，可求出價格為 P_3 時需求量為 OC 的組合點 C′，及價格為 P_4 時，需求量為 OD 的組合點 D′。這許多點顯然形成一條曲線，吾人若將這許多點加以連結，即成為 DD 曲線，此即是無異曲線所引申出的對 X 財貨的需求曲線。

摘　　要

　　無異曲線是維持消費者的偏好不變，兩種財貨間各種可能的組合所形成的軌跡。無異曲線有無限多，偏好愈高的無異曲線，與原點的距離愈遠。

　　為維持消費者的偏好不變，吾人若增加某財貨一單位，則須放棄另一種財貨若干單位，後者的變動量對前者變動量的比率，吾人稱為邊際替換率。隨某一財貨的繼續增加一固定單位，所須放棄的另一種財貨的數量將逐漸減少，此一性質稱為邊際替換遞減法則。

　　吾人若已知消費者用以購買此兩種財貨的支出，及此兩種財貨的價格，則可列出一預算方程式，亦可畫出一價格線。

　　將價格線與消費者的無異曲線畫在同一個圖形上，價格線必與某一無異曲線相切於一點，此切點稱為消費均衡點，由消費均衡點可決定消費者對兩種財貨的購買量。

　　若兩種財貨的價格不變，消費者的支出增加，在正常情況下，對兩種財貨的購買量均將增加，此種現象稱為所得效果。如支出增加，對某一財貨的購買量反而減少，則此財貨吾人稱之為低級財貨或劣等財貨。

　　如消費者的支出不變，其中一種財貨的價格不變，而另一種財貨的價格降低，在正常情形下，消費者對價格降低的財貨，其購買量將增加，此種現象稱為價格效果。對價格不變財貨的購買量，可能增加、不變，亦可能減少。

　　由價格效果，吾人可由消費者的無異曲線，引申出消費者對財貨的需求曲線。

重要名詞

無異曲線　　　　　　　　　　價格線

邊際替換率　　　　　　　　　所得效果

邊際替換遞減法則　　　　　　價格效果

預算方程式　　　　　　　　　低級財貨或劣等財貨

作業題

問答題：

❶ 已知下列兩種財貨的組合，對消費者有同一偏好，試畫出其無異曲線。

X	20,	16,	12,	…,	8,	…,	2,	1
Y	1,	2,	3,	…,	5,	…,	10,	13

❷ 已知 X 財貨的價格為 5 元，Y 財貨的價格為 8 元，消費者的支出為 120 元，試列出其預算方程式，並繪圖表示之。

❸ 由無異曲線分析消費均衡，須滿足何種條件？試以圖形表示之。

選擇題：

( )❶無異曲線的運用是基於　(A)偏好的可測性　(B)偏好的無差異性　(C)偏好的排列順序　(D)以上皆非。

( )❷以下何者不是無異曲線的性質　(A)離原點越遠的曲線其滿足程度越大　(B)不得相交　(C)斜率為負　(D)斜率為正。

( )❸在同一條無異曲線上意即　(A)商品組合相同　(B)所得水準相同　(C)支出水準相同　(D)滿足程度相同。

( )❹X 產品對 Y 產品的邊際替代率意即　(A)為增加額外一單位 X 產品，所願意放棄 Y 產品的數量　(B)當消費者有更多的 Y 產品時，

所希望增加 X 產品的數量　(C)當消費者所得增加時，所增加購買兩種產品的數量　(D)購買一單位 X 產品的所得，所能購買 Y 產品的數量。

(　)❺當兩種商品的邊際效用均爲正時，則無異曲線的斜率爲　(A)正　(B)負　(C)零　(D)無限大。

(　)❻價格線斜率的改變是因爲　(A)所得改變　(B)價格改變　(C)偏好改變　(D)效用改變。

(　)❼價格線的左下方代表　(A)支出等於所得　(B)支出小於所得　(C)支出大於所得　(D)支出等於商品價格。

(　)❽已知消費者的預算是 200，蘋果的價格是 5，橘子的價格是 10。現令蘋果代表縱軸，橘子代表橫軸，則價格線的斜率爲　(A)2　(B)0.5　(C)20　(D)40。

(　)❾若所有財貨的價格等比例下跌，則價格線　(A)平行內移　(B)平行外移　(C)變陡　(D)變平。

(　)❿消費者的最適選擇行爲決定於　(A)效用的大小　(B)無異曲線與預算線的切點　(C)消費習慣　(D)所得的水準。

(　)⓫如果一個商品的價格下降，則消費均衡會位於　(A)較低的無異曲線上　(B)較高的無異曲線上　(C)原來的無異曲線上　(D)無法確定。

(　)⓬繼上題，這種由於價格的變動造成消費均衡的變動，稱之爲　(A)所得效果　(B)價格效果　(C)替代效果　(D)位移效果。

(　)⓭劣等財是指　(A)品質不好的瑕疵品　(B)當價格提高時，需求量會增加的貨品　(C)當所得提高，需求量會減少的貨品　(D)所得彈性大於零的商品。

第六章　生產理論

學習目標

研讀本章之後，希望同學們對以下的主題有所瞭解

1. 生產的意義
2. 主要生產因素：勞動，土地，資本與企業才能
3. 勞動的意義及其報酬（稱爲工資）
4. 土地的意義及其報酬（稱爲地租）
5. 資本的意義及其報酬（稱爲利息）
6. 企業才能的意義及其報酬（稱爲利潤）
7. 生產函數的意義
8. 生產因素的報酬遞減法則
9. 等產量曲線的意義
10. 如何決定最小成本組合
11. 生產因素替換效果的意義

第*1*節　生產的意義與生產因素

　　市場供給來自於生產者或廠商，為研究供給函數，必須研究廠商的生產行為。

　　首先，吾人須了解生產的意義，所謂生產，即是能創造或增加效用的人類的行為。因為效用能滿足吾人的慾望，財貨的效用愈高，吾人的慾望愈能獲得滿足，因此凡是能創造效用或是能增加效用的人類的行為，吾人均稱之為生產活動。不僅農人由土地種植農作物，工人在工廠中紡紗織布，製造食品罐頭，得稱之為生產，即理髮師理髮、郵差送信、醫生診病、教師授課、商人販賣，因其皆能滿足吾人的慾望，故其活動亦是生產。

　　由生產所創造的或增加的效用，因其性質的不同，可分為若干不同的類型。農人種植稻米，工人紡紗織布，不是創造了有形的物質，就是改變了原來物質的形態，使其更適合吾人使用，這種效用便稱為物質效用或形式效用。商人將財貨由生產地運至消費地出售，物的形式及實質未變，但使消費者更易獲得財貨的使用，故商人創造了空間效用。又商人將盛產期的財貨加以收購儲存，待淡季時加以出售，使盛產期不因產量過多而浪費，淡季不因生產不足而感到缺乏，這種活動便創造了時間效用。醫師診病，使吾人恢復健康，理髮師理髮，使吾人得以美容，吾人從其中獲得直接的享受，這種效用便可稱為服務效用。

　　生產不能無中生有，必須使用各種工具，凡生產過程中不可或缺的要件，吾人稱為生產因素。生產因素種類繁多，但就其性質分類，可分為四大類。

　　第一，是人類的勞動，即人類以獲取收入為目的，在生產過程中所提供的體力與腦力的勞務。吾人特別提出以獲取收入為目的，因有些活動，吾人雖亦支付體力與腦力，但其目的不是為了獲取收入，如學生課

餘到操場打一場籃球，或到康樂室下一盤圍棋，未嘗不支付大量的體力或腦力，但其目的是爲了打球或下棋的本身，是一種運動或娛樂，不是爲了獲取金錢收入，故其活動不得稱其爲勞動。但職業籃球隊或職業棋士的情況即不一樣，他們打球或下棋即是爲了獲取金錢收入，故其支出之體力及腦力，即是生產意義上的勞動。從以上說明，吾人亦可了解勞動不僅指體力的支出，亦包括腦力的支出，農人耕田插秧，工人操作機器，固然是勞動。辦公室中工作的管理人員，如會計、出納、文書、公共關係，同樣爲配合生產活動亦不可少，但他們所提供的，主要是用腦的工作，因此他們腦力的運用，亦是一種勞動。甚至經理人員，設計、決策、協調、領導並推動生產活動，更須使用腦力，這種腦力的運用，同樣亦是勞動。因在生產活動中提供勞動從而所獲得的報酬，稱爲工資。

　　第二，是土地。經濟學上所稱的土地，非僅指狹義的地面，也包含各種有形的天然資源，及各種無形而有助於生產的自然力。前者爲礦產、海洋、河流、魚產、水產，後者如氣溫、雨量、日照等。因自有人類以來，最初的生活資源，均直接取之於土地，如捕魚、獵獸及檢取各種自然成長的果實、種子、根球等，充作食物及蔽體的衣料，其後乃進而馴養獸類，從事農耕，這也需要直接使用土地。及至生產技術進步，更要使用各種天然資源，以進行工商業之用，雖工廠亦需要興建於地面之上，或興建於地下，飛機則須利用空間，飛行於地面之上，船隻則須航行於水面，凡此均與廣義的土地有關，故土地是最基本的生產因素。

　　土地與其他生產因素不同，具有下列幾項特質。㈠不增性。土地自然形成，其數量無法增加，亦無法減少。荷蘭人填海製造陸地，海埔新生地亦使地面增加，但在這些陸地增加的同時，海洋的面積卻同量減少，就全體土地論，仍屬不增不減。當然，地底下的礦產經開採後無法再生，但就物質不滅定律而論，其各種成分仍存在地球上，不過形式與組成結構變更而已。㈡不能移動。狹義的土地不能移動，其位置固定，因此，都市中因人口增加，土地不足，吾人無法將郊外土地移至都市中使用，只能向郊外發展。亦因此土地的價格及從土地所能獲得的地租，其決定

的法則，亦與一般財貨價格的決定法則不同。所謂地租，即使用土地勞務對地主所支付的報酬。㈢有生長力。土地中因含有各種有機物及礦物質，可供生產各種作物之用，因此農業生產主要的必須使用土地。雖然現在可以採用水耕法，種植蔬菜，然而水耕要用水，仍需要使用有機物與礦物質，仍舊是土地。㈣有負載力。土地因具有負載力，可作為房屋之地基，故居住之房屋，工廠之廠房，機器之安裝，均必須置於土地之上。中國廣東省之蜑民，泰國湄南河上之水上人家，居住於船舶之上，但這些船舶亦必須停泊於河上，藉水之負載力以定居，亦仍屬於土地之負載力。

　　第三，是資本。以勞力所創造的有形的財貨或無形的權利，其本身並不能供直接消費，而是供生產其他財貨之用，概可稱為資本。如機器廠房、運輸工具、專利權、商標權等皆是。資本的使用可以提高生產力增加產量。以手捕魚所獲有限，若使用漁網、新式的捕魚船及探魚設備，漁獲量即可大增。至於貨幣是否可稱為資本？這則需看是從那種觀點分析。如果從個別廠商的觀點，有貨幣資本即可購買各種資本設備，就此一意義言，貨幣可以稱為資本。但若就整個國家及社會的觀點分析，貨幣不能稱為資本，否則，只要中央銀行大量增加貨幣供給量，則資本即可增加，事實上這不可能。因此就整個國家或總體經濟的觀點，只有實質的生產設備才得稱為資本。但如一國持有大量的外匯，則可視為資本的一部分，因可使用此外匯向其他國家購買生產設備也。此猶如在一國之內，個別廠商可以使用本國貨幣在本國市場購買生產設備一樣。

　　第四，是企業才能。過去的經濟學者稱這一生產因素為企業組織，因勞動、土地、資本等生產因素，需要有人加以購買，加以規畫、領導，予以有效的組織，生產活動才能展開。此種組織常以獨資、合夥、公司或合作社的形態出現，因此乃將企業組織作為第四種生產因素。但吾人知道組織這種生產單位的仍是個人，個人所以能夠組成企業單位，推動並領導生產，主要由於他具有企業才能，因此對生產有貢獻的乃是企業家所具備的企業才能，而不是人以外的無生命的企業組織，故吾人稱企

業才能爲第四種生產因素。企業才能在生產完成之後所獲得的報酬，則稱爲利潤。

　　至於上述第三種生產因素即資本，因參加生產所獲得的報酬是什麼？這一問題很難簡單答覆，因爲站在個別廠商立場，能具有貨幣資本即能購買資本設備，故現代將運用貨幣資本所支付的報酬稱爲利息。至於將運用資本設備所生產的財貨，在市場銷售以後，扣除工資、地租、原料、動力、管理費用等費用以後，所剩下的再扣除貨幣資金的利息，機器折舊，若仍有剩餘，則可視爲利潤。

第 2 節　生產函數

　　因爲從事生產活動必須使用生產因素，因此所生產的產品數量，與所使用的生產因素的數量之間，必然有某種技術性的關係存在，諸如：生產因素的使用數量增加，產品的數量人槪會增加。任何一生產因素可能有一最少的使用量，否則若其使用量爲零，則不論其他生產因素的使用量爲多少，產量一定爲零等皆是。爲說明這種技術性的關係，吾人常用生產函數來表示。所謂生產函數：即在一定技術水準之下，各種生產因素的使用量，所能生產的最大出產量，兩者之間的關係。若吾人以 L 表勞動的使用量，K 表資本的使用量，R 表土地或自然資源的使用量，Q 表產品的數量，則生產函數可寫爲下列形態。

$$Q = f(L, K, R) \qquad\qquad (6-1)$$

(6-1) 式係假定產品僅有一種。但事實上任何廠商，產品可能不止一種，設有兩種，分別以 Q_1 及 Q_2 表示這兩種產品的產量，則生產函數可寫爲下列形態。

$$g(Q_1, Q_2) = f(L, K, R) \qquad\qquad (6-2)$$

式中 g 及 f 均是表示函數的符號。

對於上述兩種生產函數，吾人由實際的經驗，均假定其有下列數種性質。

第一，如果技術水準不變，假定某一種生產因素的使用量爲零，則產品的產量爲零。

第二，如果技術水準不變，假定生產因素的使用量增加，則產量大體上會增加，但不一定成比例的增加。

第三，如果技術水準不變，其他的生產因素的使用量不變，僅一種生產要素的使用量增加，則產量亦會增加，但其增加的速度有幾種可能的情況。

爲說明這些性質，吾人將介紹一項重要的法則，即生產因素的報酬遞減法則。

第3節　生產因素的報酬遞減法則

假定在一定面積的土地之上，使用一定數量的資本，種植蔬菜，對於不同的勞動使用量，其一季的生產量如下表所示：

表 6-1　蔬菜產量表

勞動人數（人）	1	2	3	4	5	6	7	8	9
總產量（斤）	500	1,100	2,100	3,600	5,500	7,200	8,400	8,800	9,000
平均產量（斤）	500	550	700	900	1,100	1,200	1,200	1,100	1,000
邊際產量（斤）	500	600	1,000	1,500	1,900	1,700	1,200	400	200

由上表可看出，隨勞動人數的增加，每季蔬菜的總產量也增加，當僅使用一個勞動者時，蔬菜的總產量僅有 500 斤，使用兩個勞動者時，

總產量爲 1,100 斤，使用三個勞動者時，總產量則爲 2,100 斤，餘類推。

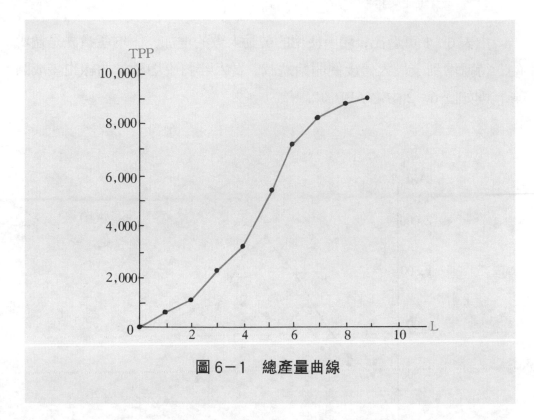

圖 6-1 總產量曲線

對於總產量隨勞動使用量增加而增加的情形，吾人可用圖形加以表示。在圖 6-1 中，橫座標表示勞動者的人數，縱座標表示總產量，將表 6-1 中的數字，畫出相關的點，吾人連接各點可得一根折線，此折線可稱爲總產量曲線。如果吾人可將勞力分爲半工，四分之一工，八分之一工等，可畫出更多的點，則此一折線即逐漸趨近於一平滑的曲線，即可稱其爲總產量曲線。

在表 6-1 中尚列出另兩行數字，一是平均產量，吾人將以 APP 表示，此即平均每一個勞動者的產量。例如使用一個勞動者時，總產量爲 500 斤，因爲只用了一個勞動者，故平均產量亦爲 500 斤。若使用兩個勞動者，總產量爲 1,100 斤，則平均產量即爲 550 斤。同理，若使用三個勞動者，總產量爲 2,100 斤，因此平均產量即爲 700 斤，餘類推。實際上平均產量即是勞動人數除總產量。若吾人以 TPP 表總產量，則

$$APP(平均產量) = \frac{TPP(總產量)}{L(勞動人數)}$$

由表6−1可看出，隨所使用的勞動人數的增加，平均產量先是遞增的，待遞增到一最大值後便開始遞減。吾人若將平均產量曲線也畫成圖形，則如圖6−2中之 APP 線。

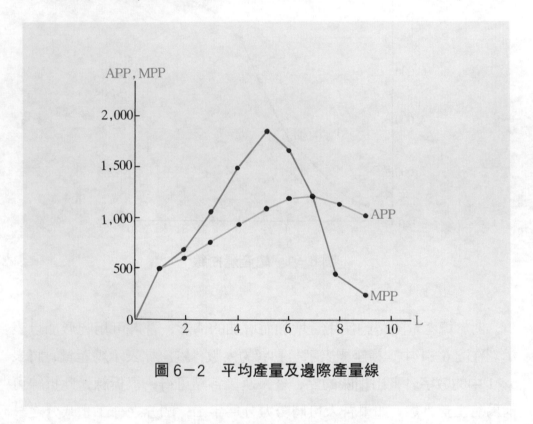

圖6−2　平均產量及邊際產量線

表6−1中最後一行為邊際產量，吾人將以 MPP 表之，此即所使用的勞動量增加一單位時，總產量的增加量。例如使用一個勞動者時，總產量為 500 斤。原則上不使用任何勞動時，總產量為零。現增加一個勞動者的使用，產量增加了 500 斤，故使用一個勞動者時，其總產量為 500斤，邊際產量亦為 500 斤。使用兩個勞動者時，產量由 500 斤增加為1,100 斤，故第二個勞動者的邊際產量即 1,100 斤 − 500 斤 = 600 斤。同理，使用三個勞動者時，總產量由 1,100 斤增加為 2,100 斤，故第三個勞動者的邊際產量則為 1,000 斤。餘類推。因此第 n 個勞動者的邊際產量，

即使用 n 個勞動者時的總產量，減去使用 n－1 個勞動者時總產量的差
額。

　　吾人由表 6－1 可看出，邊際產量也是先遞增，待增至一最高點後再
遞減。至於何以最初邊際產量會遞增？是因為勞動的使用量甚少時，由
於勞力不足，土地與資本的效率不能充分發揮，若增加一個勞動者，則
土地與資本可獲得充分使用，其效率提高，表現於勞動的，便是其邊際
產量的增加。至於何以勞動的使用量達到某一數量後，其邊際產量又遞
減？這是因為勞動使用到某一數量後，土地與資本的效率已完全發揮，
若再增加勞動者的使用量，反而會感到土地與資本不足，所增加的勞動
者難於有所貢獻，故其邊際產量遞減。吾人若將邊際產量畫成圖形，則
為圖 6－2 中之 MPP 線。

　　由表 6－1 中吾人亦可看出，當邊際產量大於平均產量時，平均產量
遞增，例如勞動的使用量不足七人時，邊際產量均大於平均產量，而平
均產量遞增。當邊際產量小於平均產量時，平均產量遞減，例如，當勞
動的使用量多於七人時，邊際產量均小於平均產量，而平均產量遞減。
當邊際產量等於平均產量時，平均產量達到最高，例如當勞動的使用量
為七人時，邊際產量等於平均產量，而平均產量達到最大，即 1,200 斤。
事實上，表中平均產量為 1,200 斤時有兩個，當勞動的使用量為六人時，
平均產量亦為 1,200 斤，這是因為我們舉例所用的數字是非連續的，假如
將勞動力分成更小的單位，例如四分之一工，八分之一工等，則最大的
平均產量只有一個。至於何以有以上所說的性質，理由很簡單；因為邊
際產量大於平均產量時，將此一邊際產量加進去求平均產量，平均產量
自然增大了。如果邊際產量小於平均產量時，將此一邊際產量加進去求
平均產量，平均產量自然減少了。當邊際產量等於平均產量時，將邊際
產量加進去求平均產量，平均產量不變，自然是平均產量已達到最大。

　　根據邊際產量變動的情形，吾人可得到一重要的定理，即生產因素
的報酬遞減法則　此法則的內容是：假定生產技術不變，除一種生產因
素外，其他生產因素的使用量不變，若變動的生產因素的使用量繼續增

加，則到達某一水準後，其邊際產量有遞減的傾向。如吾人前述數字之例，若勞動的使用量超過五人，其邊際產量即開始遞減。

對於此一法則，吾人有幾點要加以進一步說明，第一，吾人假定生產技術不變。如果生產技術改變，雖不能推翻此法則，但報酬遞減的現象可能延後出現。如上述之例，使用不同勞動時的總產量，可能因技術進步均告增加，因而邊際產量遞減的現象，也許要等到使用到九個或十個勞動者時，才開始出現。第二，吾人假定只有一種生產因素的使用量可以變動，其他生產因素的使用量不變，如果其他生產因素的使用量也變動，此法則不適用。第三，邊際產量遞減並不排除可變動的生產因素使用量甚少時，邊際產量亦有遞增的階段。甚而在遞增及遞減的過程中間，亦有邊際產量不變的階段。

爲易於了解起見，吾人將邊際產量之變化再以圖形表示之。圖6－3中之(a)線，爲成曲線形態的邊際產量曲線，顯示當生產因素的使用量低

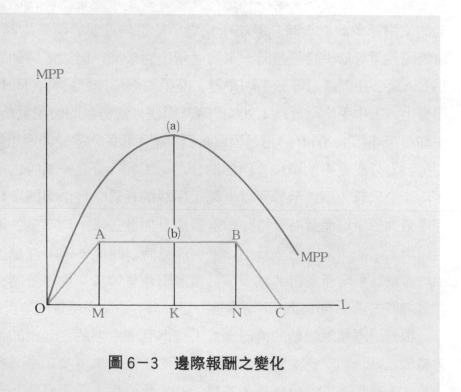

圖6－3　邊際報酬之變化

於 OK 時，生產因素的邊際產量是遞增的。當生產因素的使用量為 OK 時，此時邊際產量達到最大。當生產因素的使用量大於 OK 時，其邊際產量為遞減。故報酬遞減法則由生產因素的使用量為 OK 時開始。(b)線則為成折線形態的邊際產量線，由此線顯示，當生產因素的使用量低於 OM 時，邊際產量遞增，此為報酬遞增階段。當生產因素的使用量大於 OM 而小於 ON 時，此時邊際產量固定不變，AB 線段平行於橫座標，此為報酬固定階段。當生產因素的使用量大於 ON 時，則邊際產量遞減，故為報酬遞減階段。報酬遞減法則則由生產因素的使用量為 ON 時開始。

　　生產因素報酬遞減法則，不論生產技術如何進步，僅能延緩其出現，而無法將其推翻，如果能夠推翻，則一切經濟問題均不會發生。因為如果能夠推翻，則吾人需要更多的財貨時，使用更多勞動即可獲得，事實上這是不可能的。因此現代各國多重視如何加速科技的進步，俾報酬遞減現象能延緩發生。

第 *4* 節　等產量曲線分析法

　　如果在生產某一種產品時，有兩種生產因素的使用量可以變動，則產量與生產因素的使用量之間其關係如何？例如為生產蔬菜，所使用的土地數量不變，吾人可以多用勞動少用資本，亦可以少用勞動多用資本，此時生產函數可寫為下列形態，即

$$Q = f(L, K) \qquad\qquad (6-3)$$

原則上若勞動的使用量增加，資本的使用量不變，或資本的使用量增加，勞動的使用量不變，或勞動與資本的使用量均增加，則產量將增加。如果吾人維持產量水準不變，原則上吾人可以不同的勞動與資本的使用量，生產出此一水準。如多用勞動少用資本，或多用資本少用勞動，或其他的不同勞動與資本的使用量，均能達到目的。如果吾人將能產生同一產

量水準的勞動與資本的使用量組合，畫成一曲線，則如圖 6-4 中的形態，是一根由左上方向右下方延伸的曲線。圖中橫座標代表勞動的使用量，縱座標代表資本的使用量，曲線上的任一點所代表的勞動與資本使用量的組合，均能生產出同一水準的產量 Q_0，此一曲線吾人稱爲等產量曲線。

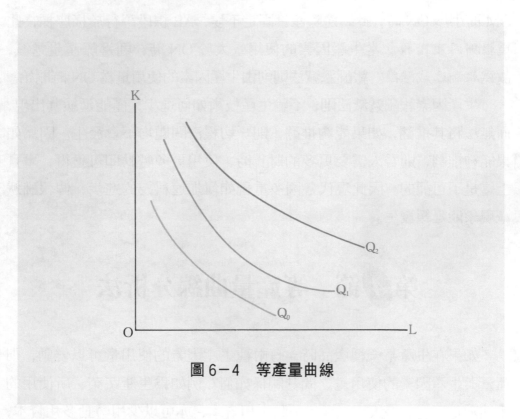

圖 6-4　等產量曲線

等產量曲線與無異曲線很相似，它代表生產者的選擇行爲。等產量曲線亦有無限多，產量水準愈大的，距離原點愈遠，產量水準愈小的，距離原點愈近。圖 6-4 中曲線 Q_2 所代表的產量水準，即大於 Q_1，而曲線 Q_0 所代表的產量水準則小於 Q_1。

以上提及等產量曲線代表生產者的選擇行爲，生產者依據此曲線，若其產量水準爲一定，即可找到一個生產成本爲最低的這兩種生產因素的使用量。爲決定最低成本的生產因素使用量的組合，必須知道這兩種生產因素的市場價格，設勞動的價格即工資爲 W，資本的價格即實質利

率爲 r，則生產者的總成本函數爲

$$C = WL + rK \qquad\qquad (6-4)$$

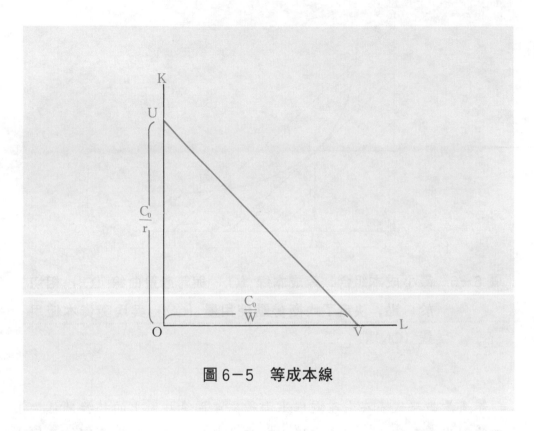

圖 6-5 等成本線

WL 爲僱用勞動的支出，rK 則爲使用資本的支出，兩者之和即構成其總成本 C。若吾人進一步假定，生產者所計畫動支的總成本爲一定，設爲 C_0，因爲 W 及 r 亦爲已知，故吾人在圖形上可畫出一根直線代表此總成本。圖 6-5 中 UV 線即此一直線，OV 代表以全部成本 C_0 購買勞動所能購得的數量，OU 代表以全部成本 C_0 購買資本所能購得的數量。UV 線上的點則代表同時購買勞動及資本，各種購買量可能的組合，此曲線吾人稱爲等成本線，亦可稱爲預算線。原則上等成本線亦有無限多，能動支的成本愈大，等成本線距離原點愈遠，能動支的成本愈少，等成本線距離原點愈近。

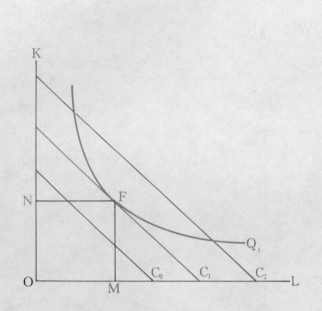

圖6-6　最小成本組合：等成本線（C_1）與等產量曲線（Q_1）相切
於 F 點，決定了均衡勞動使用量（OM）與均衡資本使用
量（ON）。

　　等產量曲線代表在生產過程上兩種生產因素技術上的替換關係，等
成本線則代表兩種生產因素市場上客觀的交換關係。若生產者的產量水
準固定，吾人即可據以求出生產者的最小成本組合的生產因素的使用量。
圖6-6中等產量曲線 Q_1 代表生產者的固定產量水準。吾人同時畫出三
根等成本線 C_0，C_1 及 C_2。其中 C_0 線不與等產量曲線相交，表示以 C_0 的
成本，無法生產出 Q_1 水準的產量。C_2 線則與等產量線相交於兩點，表示
以 C_2 的成本可以生產出 Q_1 的產量，但此一成本不是最低。唯有 C_1 線與
等產量曲線相切於一點 F，表示以 C_1 的成本，能生產出 Q_1 的產量，同時
此一成本亦是最低的，因此 F 點稱為最小成本組合點。由 F 點吾人知道，
為生產 Q_1 單位產量，生產者若使用 OM 單位的勞動，ON 單位的資本，
則其生產成本將為最低。

利用等產量曲線亦可分析，如果一種生產因素的價格不變，而另一種生產因素的價格發生變動，對生產者成本所產生的影響，以及對這兩種生產因素使用量的影響。在圖 6－7 中，UV 為原來的等成本線，A 點為原來的最低成本組合點，生產者為生產 Q_1 的產量，僱用 OM 單位的勞動，ON 單位的資本。假定資本的價格不變，而勞動的價格上漲，生產者以原來的全部成本，所能僱用的勞動量減少，故等成本線順時鐘方向旋轉至 UV' 的位置。此新的等成本線不再與原來的等產量曲線相切，表示以原來的成本，生產者已無法生產出 Q_1 的產量，假如仍要生產出原來的產量，必須增加成本支出，因此等成本線由 UV' 向右上方平行移動至 RS 的位置，與等產量線相切於 B 點，B 點代表新的最低成本組合點。由 B 點可以看出，隨生產因素勞動價格的上漲，如果生產者仍要生產出原來的產量，對勞動的僱用量減少，由原來的 OM 單位減少為 OM' 單位。而

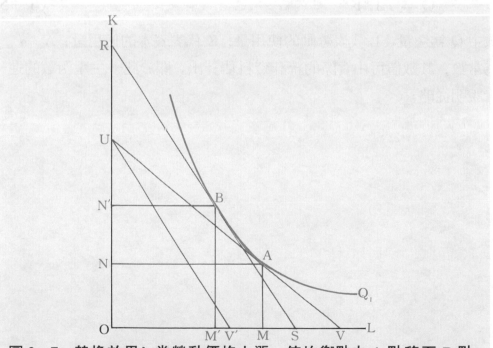

圖6－7　替換效果：當勞動價格上漲，使均衡點由 A 點移至 B 點，勞動使用量由 OM 減為 OM'，資本使用量由 ON 增為 ON'。

對於價格未變，而相對價格降低的另一生產因素資本，其使用量則增加，由原來的 ON 單位，增加為 ON′ 單位。亦即勞動價格上漲以後，生產者將以價格未漲，因而相對價格降低的資本，取代一部分勞動的使用。當然反過來，如果勞動價格降低，而資本價格不變，生產者若要維持原來的產量，則會增加勞動的僱用，而減少資本的使用。這種現象，吾人稱為生產因素價格變化所產生的替換效果。由此一現象可以了解，隨我國經濟之快速成長，勞動的工資水準上漲，生產者逐漸採取資本密集的生產方式，以減少勞動力的使用。

在實際應用上最常用的包含兩種生產要素的生產函數為科貝—道格拉斯（Cobb-Douglas）生產函數，此函數乃一九二八年由美國芝加哥大學的數學家科貝，及經濟學家道格拉斯所設計，提出以後，乃被普遍採用。此生產函數最簡單之形態為

$$Q = AL^{\alpha}K^{\beta} \qquad\qquad (6-5)$$

式中 Q 為產量，L 代表勞動的使用量，K 代表資本的使用量，A、α、β 為常數，其數值可由實際的統計資料估計出。關於此一生產函數的進一步說明從略。

摘　要

　　凡能創造或增加效用的人類的活動，稱爲生產，生產的對象，包含有形的財貨與無形的勞務。

　　生產過程中所不可缺少的要件，稱爲生產因素。主要的生產因素有四，即勞動、土地、資本與企業才能。

　　人類以獲取收入爲目的，在生產過程中所提供的體力與腦力的勞務，稱爲勞動。因提供勞動所獲得的報酬稱爲工資。

　　凡自然界天然存在的資源，包含地面、海洋、天空、地下的礦藏，以及溫度、濕度、雨量、日照等，稱爲土地。土地具有不增性、不能移動性、生長力及負載力等特質。因提供土地勞務所獲得的報酬，稱爲地租。

　　由利用勞動及自然資源所生產的財貨，非供直接消費之用，而使用於生產活動者，稱爲資本。資本包含有形的生產設備，亦包含無形的權利，如專利權、商標權是。站在個別生產者的立場，貨幣亦可稱爲資本，因持有貨幣可經由市場購買各種資本財。使用資本所支付的費用，稱爲利息。

　　僱用生產因素，推動生產活動，並負責領導、協調、決策等功能的能力，稱爲企業才能，這種才能通常由企業家發揮。因提供企業才能所獲得的報酬稱爲利潤。

　　生產因素使用量與產品產量之間所存在的技術性的關係，稱爲生產函數。

　　如果生產技術不變，除一種生產因素外，其他生產因素的使用量不變，當變動的生產因素的使用量繼續增加時，超過某一水準後，其邊際產量有遞減現象，此種性質稱爲生產因素的報酬遞減法則。

　　爲維持產量不變，兩種生產因素不同使用量所形成的所有組合，在座標上所形成的軌跡，稱爲等產量曲線。等產量曲線原則上有無限

多。

　　若兩種生產因素的價格為已知，產品的產量為一定，則由等產量曲線及等成本線的分析，可以決定生產者最小成本組合的兩種生產因素的使用量。

　　若生產者的產量不變，一種生產因素的市場價格不變，另一種生產因素的價格上漲，則在生產過程中該因素的使用量將減少，而價格不變的生產因素，其使用量將增加，此種性質稱為生產因素價格變動的替換效果。

重要名詞

生產　　　　　　　　　　　　邊際產量

勞動　　　　　　　　　　　　生產要素的報酬遞減法則

土地　　　　　　　　　　　　等產量曲線

資本　　　　　　　　　　　　等成本線

企業才能　　　　　　　　　　最小成本組合

生產函數　　　　　　　　　　生產因素的替換效果

總產量　　　　　　　　　　　科貝—道格拉斯生產函數

平均產量

作業題

問答題：

❶ 試解釋生產的意義。醫生看病，郵差送信是不是生產行為？

❷ 試解釋經濟學上土地的意義，並說明土地具有何種性質。

❸ 何謂生產因素的報酬遞減法則？此法則能不能被推翻？何故？

❹ 試利用等產量曲線分析法，若一種生產因素價格不變，而另一種生產因素價格降低，對最小成本組合的影響如何？

選擇題：

( )❶生產函數是指任何投入的組合所能生產出來 (A)平均產出 (B)所有產出的組合 (C)最大產出 (D)某一定額的產出。

( )❷生產函數的意義是 (A)投入與最大產出間的關係 (B)生產的產品 (C)財貨本身價格與最大產出間的關係 (D)最大利潤的生產。

( )❸投入因素的邊際產出可定義為 (A)總產出除以總投入 (B)產出的變動 (C)每增加一單位投入所引起的總產出的變動 (D)產出所引起的投入因素的變動。

( )❹假設投入 X 的數量減少，而其他投入數量不變，則投入 X 的邊際產量將逐漸 (A)增加 (B)減少 (C)遞減 (D)不變。

( )❺如果邊際產量增加，則平均產量會　(A)增加　(B)減少　(C)不變　(D)遞減。

( )❻邊際產量等於平均產量會發生在下列那一個情況　(A)邊際產量最大時　(B)平均產量最大時　(C)總產量最大時　(D)邊際產量為零時。

( )❼短期間逐漸增加一種生產投入的數量，會導致邊際產量降低的現象，稱之為　(A)邊際效用遞減法則　(B)邊際替換率遞減法則　(C)邊際收益遞減法則　(D)邊際報酬遞減法則。

( )❽假設勞動投入的邊際產出為 7 單位，則表示　(A)勞動投入增加 7 單位　(B)勞動投入減少 1 單位，產出增加 7 單位　(C)勞動投入增加 7 單位，產出增加 1 單位　(D)勞動投入減少 1 單位，產出減少 7 單位。

( )❾下列對於平均產量與邊際產量之間關係的描述，何者是「正確的」　(A)平均產量最大時，邊際產量等於平均產量　(B)邊際產量小於平均產量時，平均產量遞增　(C)邊際產量等於平均產量時，平均產量遞增　(D)邊際產量大於平均產量時，平均產量遞減。

( )❿假如等產量曲線的形態為一直線，則代表兩種生產因素（如資本與勞動）為　(A)完全無關　(B)完全互補　(C)完全替代　(D)無法判斷。

( )⓫要素價格改變，以下那一種曲線的形態會隨著改變　(A)等產量曲線　(B)等成本曲線　(C)無異曲線　(D)效用曲線。

( )⓬等成本曲線的斜率絕對值等於　(A)兩產品邊際成本的比例　(B)兩產品價格的比例　(C)兩產品邊際產出的比例　(D)兩生產要素價格的比例。

( )⓭根據最小成本組合，廠商在何時成本最小　(A)等成本曲線與等產量曲線的切點　(B)等成本曲線與等產量曲線的相交點　(C)邊際產量等於平均產量時　(D)邊際效用等於平均效用時。

( )⓮以下對等產量曲線分析法的敘述，何者為錯誤　(A)等產量曲線代表在生產過程上兩種生產因素間技術上的替換關係　(B)等成本曲

線代表在生產過程上兩種生產因素間技術上的替換關係　(C)等成本曲線代表在生產過程上兩種生產因素間市場上客觀的替換關係　(D)單一生產因素價格改變所引起生產因素使用量的改變稱之為替換效果。

(　) ⑮若單一生產因素價格改變，而其他價格不變，所引起生產因素使用量的改變稱之為　(A)所得效果　(B)替代效果　(C)替換效果　(D)價格效果。

第七章　成本結構

學習目標

研讀本章之後，希望同學們對以下的主題有所瞭解

1. 機會成本的意義
2. 貨幣成本的意義
3. 固定成本與可變成本的意義
4. 短期間的成本結構：固定總成本，可變總成本，總成本，平均固定成本，平均可變成本，平均成本與邊際成本
5. 邊際成本的意義
6. 長期間的成本結構：長期總成本，長期平均成本與長期邊際成本。

第①節　成本的意義

生產者除關心技術的選擇，即如何僱用各種生產因素，使在一定產量之下能使成本為最小。次一個關心的問題，即當產量變化時，其成本的結構如何？

所謂成本，站在個別生產者的立場，有兩種不同的意義，一種意義是機會成本，即生產某種特定財貨的一定數量，他必須放棄的另一種次好財貨可能生產的數量。因若生產者有一定面積的土地，有一定數量的資本，可僱用一定數量的勞動，他在這塊土地上可以生產蔬菜，可以生產水果，也可以生產水稻，但以生產蔬菜為最有利，生產水果次之，生產水稻又次之，因此他決定生產蔬菜。但他既生產蔬菜，則他所使用的生產因素，即不能在同一時間內又生產水果。如果他以這些生產因素去生產水果，則所能收獲的水果數量，即是他決定從事生產蔬菜的機會成本。

在現代為市場而生產的經濟制度下，生產者所關心的是另一種意義的成本，即貨幣成本，即生產者為生產某特定財貨的一定數量，所引起的必要的貨幣費用。因生產者為生產此特定財貨的一定數量，必須使用各種生產因素，如土地，資本，勞動，原料，動力等，為僱用這些生產因素，他必須支付一定的代價或報酬，這些代價或報酬的總和，即構成他必要的貨幣費用，亦即他的生產成本。因為此一貨幣成本的大小，會影響他的利潤，因此他所關心的便是此項貨幣成本。

第②節　短期成本結構

成本按其考慮時間的長短，可分為短期成本與長期成本。所謂短期

即所考慮的時間較短，生產者無法改變其生產規模，僅能在現有生產規模之下，視市場的需要，決定並變更其產量，在此一時間內所引起的成本，吾人稱為短期成本。所謂長期即所考慮的時間較長，足夠生產者變更其生產規模。如果市場需求增加，而生產者認為這可能是長期的，則生產者即可擴大生產規模，增加產量以滿足市場需求。在此種長期間所引起的成本即長期成本。當然在不同產業之間，長期與短期所涵蓋的時間並不一致，有些產業，半年以上生產者即可擴大其生產規模，故半年以上即可稱為長期，半年以下則可稱為短期，如養雞業即是如此。但有些產業中，生產者若要擴大其生產規模，由規畫，訂購生產設備，裝置到正式試車，開始生產，非三年以上莫辦，因而三年以上可視為長期，三年以下則為短期，如煉鋼業，石化業是。因此所謂長期與短期視產業而定，並無一定標準。本節先討論短期成本結構。

　　在短期間因生產規模固定，不論產量是多少，某些成本一定要支出，甚至暫時停止生產，這些成本照樣要支出。對於這種不隨產量的變動而變動的成本，吾人稱之為固定成本。例如資本設備的折舊提存，地租，長期貸款的利息，高級管理人員的人事費用等。生產設備短期間不論生產與否，都要提折舊。地租是一種契約性支出，設廠時即已決定。長期貸款多為了購置生產設備，其利息支出亦與產量無關。至於高級管理人員的人事費用，則除非廠商決定關閉，否則一定得僱用必要的高級管理人員，因此此項人事費用亦屬固定成本。

　　短期間凡隨產量變動而變動的成本，稱為可變成本。當產量增加時，此項成本也增加；產量減少時，此項成本也減少；暫時停止生產時，原則上此項成本即不須支付。例如原料費用，勞動費用，動力費用，短期貸款的利息，大部分租稅等，均為可變成本。原料，動力，勞動等費用，均隨產量而同方向變化。短期貸款多用於調度生產之用，其數量隨產量而變，因此利息支出亦隨產量而變。某些租稅與產量有關，如貨物稅，產量多、所繳納的稅額多，產量少，所繳納的稅額少，如暫時停止生產，這些租稅即不需繳納。

　　由固定成本與可變成本的意義，短期間有關的成本概念有七項，即

　　㈠固定總成本（以 TFC 表示），即短期間固定成本總額，通常此爲一固定常數。

　　㈡可變總成本（TVC），即短期間可變成本總額，通常隨產量之增加而增加。

　　㈢總成本（TC），即短期間固定成本與可變成本的總和，亦即　TC＝TFC＋TVC。

　　㈣平均固定成本（AFC），即每一單位產量所分攤的固定成本數額，亦即　AFC＝TFC/Q。

　　㈤平均可變成本（AVC），即平均每一單位產量所分攤的可變成本總數額，亦即　AVC＝TVC/Q。

　　㈥平均成本（AC），即平均每一單位產量所分攤的總成本數額，亦即 AC＝TC/Q，或　AC＝AFC＋AVC。

　　㈦邊際成本（MC），即產量每增加或減少一單位時，總成本增加或減少的數額，亦即生產 n 單位時，總成本較生產 n−1 單位時所增加的數額，或　$MC_n = TC_n - TC_{n-1}$。

　　這些不同成本概念相互之間的關係爲何？以及隨產量的變化，這些成本如何變化？吾人可假定一數字的例證予以說明。

　　設有某一小型成衣廠，每日無論生產與否，其固定成本支出爲 120 元，可變成本則隨每日成衣生產件數的增加而增加，茲將產量與各項成本數字列表如下：

　　由下表可看出可變總成本及總成本均隨產量的增加而不斷增加，平均固定成本則隨產量的增加而繼續遞減，平均可變成本，平均成本及邊際成本，則先隨產量的增加而遞減，等遞減至一極小值後，又隨產量的增加而遞增。平均可變成本當產量爲八件時爲最低，爲 72.5 元。平均成本則當產量爲九件時爲最低，爲 86.6 元。而邊際成本則當產量爲六件時爲最低，爲 50 元。

表 7-1　成衣工廠成本結構表

產 量	TFC	TVC	TC	AFC	AVC	AC	MC
0 件	120 元	0 元	120 元	–	–	–	–
1	120	100	220	120 元	100 元	220 元	100 元
2	120	190	310	60	95	155	90
3	120	270	390	40	90	130	80
4	120	340	460	30	85	115	70
5	120	400	520	24	80	104	60
6	120	450	570	20	75	95	50
7	120	510	630	17	73	90	60
8	120	580	700	15	72.5	87.5	70
9	120	660	780	13.3	73.3	86.6	80
10	120	750	870	12	75	87	90
11	120	850	970	11	77	88	100
12	120	960	1,080	10	80	90	110

　　這些成本之間的相互關係，吾人可用圖形來表示。圖 7-1 是三根總成本的曲線，橫座標代表產量，縱座標代表成本。固定總成本線是一根平行於橫座標的直線，其與橫座標之間的距離代表 120 元，表示不論產量多少，固定總成本不變，均為 120 元。可變總成本曲線是由原點所畫出之曲線，產量愈大，此曲線愈向右上方延伸，表示產量愈大，可變總成本愈大。總成本線在可變總成本曲線的上方，形態與可變總成本曲線相同，其與可變總成本曲線之間的垂直距離，代表固定總成本。不論產量多少，此垂直距離均不變，因固定總成本不變也。

　　圖 7-2 為平均成本及邊際成本曲線。平均固定成本是一根繼續遞減的曲線，因產量愈多，平均每一產品單位所分攤的固定成本愈少。平均可變成本及平均成本均是 U 字形的曲線，先隨產量之增加而遞減，待減

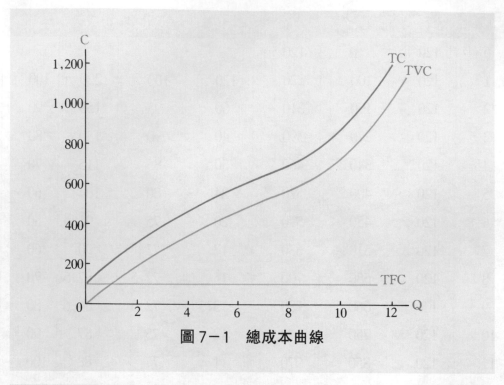

圖 7-1　總成本曲線

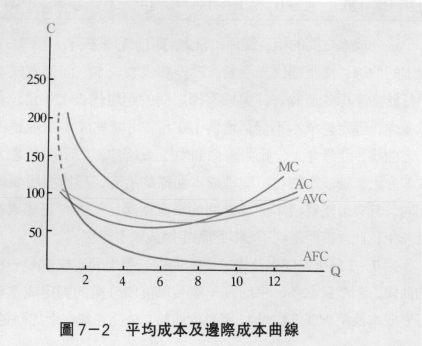

圖 7-2　平均成本及邊際成本曲線

至一最小值後又開始遞增。平均成本曲線在平均可變成本曲線的上方，其與平均可變成本之間的垂直距離，即平均固定成本。因隨產量之增加，平均固定成本愈來愈小，故平均成本曲線及平均可變成本曲線，也隨產量之增大而逐漸接近。邊際成本曲線亦為 U 字形，先遞減後遞增，然後與平均可變成本曲線的最低點相交，再與平均成本曲線的最低點相交，而在平均成本曲線的上方向右上方延伸。

至於平均成本何以先遞減後遞增，原因是由於生產規模固定，產量甚少時，不能充分發揮生產規模的效率，當產量增加時，效率亦提高，故平均成本遞減。待產量達到一定水準後，生產規模已充分發揮，再增加產量，生產規模已不夠用，故效率又降低，因此平均成本便開始遞增了。

第 3 節　　長期成本結構

在考慮長期成本結構時，因為長期間生產規模可以變化，一切成本皆可變動，因此在長期間沒有固定成本與可變成本的區別。在長期間有關的成本概念只有三項，即長期總成本 (LTC)，長期平均成本 (LAC)，與長期邊際成本 (LMC)。

長期成本具何性質？與短期成本之間具有何種關係？成本曲線之形態如何？由於長期成本之變化與生產規模的變動有關，吾人將就此一觀點，分析廠商的長期成本結構。

設某一廠商針對未來市場可能的變化，他有三種生產規模可供選擇，即小規模，中規模與大規模。每一規模的短期成本結構為已知，將依此決定其長期成本結構。先就總成本分析。此三種生產規模的總成本曲線如圖 7-3 所示，吾人分別以 STC_1, STC_2, STC_3 表示。STC_1 為最小規模的總成本曲線，因為規模小，所需的固定成本最少，故 OF_1 亦最小。同時因為生產規模小，當產量稍大時，總成本即迅速上升。STC_2 代表中等

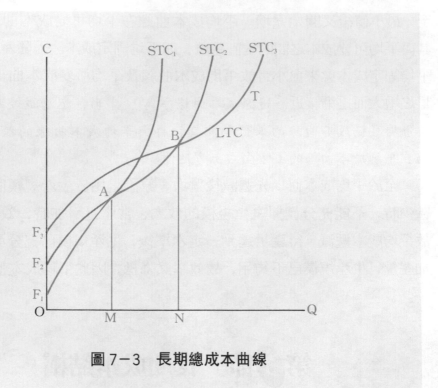

圖 7－3 長期總成本曲線

規模的總成本曲線，其所需的固定成本比最小規模為大，故 $OF_2 > OF_1$，當產量較大時，其總成本將快速增加。STC_3 代表最大規模的總成本曲線，所需的固定成本也最大，其有效的生產量也最大。此三條總成本線可能相互交於 A，B 兩點。由此兩點從橫座標可以看出，當生產者預期未來市場的銷售量小於 OM 時，生產者一定選擇最小的生產規模，因為唯有此一規模能使其總成本為最低。當生產者預期未來市場的銷售量大於 OM，但小於 ON 時，則生產者一定選擇中等生產規模，因產量若界於 OM 與 ON，唯有中等規模能使總成本為最小也。若生產者預期未來市場的銷售量會大於 ON，則生產者一定會選擇最大的生產規模，因產量大於 ON 時，最大生產規模能使總成本為最低。故從長期看，此生產者的長期總成本曲線，即由交點 A，B 以下的各線段構成，亦即 F_1ABT 這一不規則的曲線所構成。

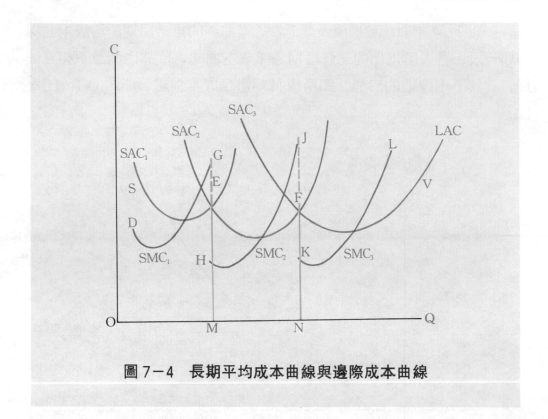

圖 7－4　長期平均成本曲線與邊際成本曲線

其次吾人分析長期平均成本及長期邊際成本曲線的性質。圖 7－4 中吾人畫出不同生產規模的短期平均成本曲線，分別以 SAC_1，SAC_2 及 SAC_3 表示，逐次爲最小生產規模，中等生產規模及最大生產規模。這二根短期平均成本曲線相互相交於 E，F 二點。吾人亦畫出這三個規模的短期邊際成本曲線，分別以 SMC_1，SMC_2 及 SMC_3 來表示。由 E，F 兩點，吾人從橫座標可以看出，若生產者預期未來市場的銷售量小於 OM，則他一定選擇最小的生產規模，因爲他能使平均成本爲最低。如果生產者預期未來市場的銷售量會大於 OM，但小於 ON，則他一定會選擇中等生產規模，因產量若在 OM 與 ON 之間，中等規模的平均成本最低。若生產者預期未來市場的銷售量會大於 ON，則他一定會選擇最大的生產規模，因此時最大生產規模能使平均成本爲最低。故從長期看，此生產者的長期平均成本曲線，即 E，F 點以下各有關短期平均成本曲線的線段所形成的不規則曲線，亦即 SEFV 曲線。

在圖 7-4 中對應於構成長期平均成本曲線的每一短期平均成本曲線的那一段，吾人所畫出的三條短期邊際成本曲線，雖然他們並不相互連接，就其不相連續的形態，即構成長期邊際成本曲線，亦即 DG…HJ…KL。

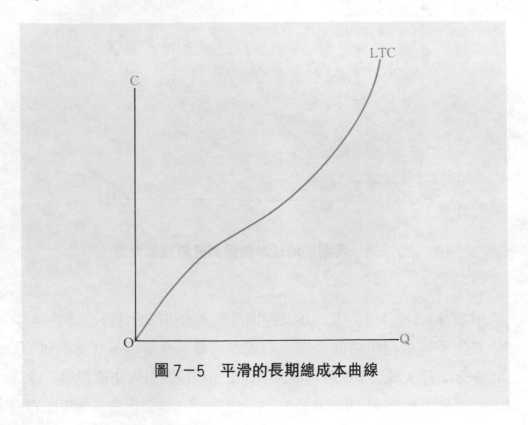

圖 7-5　平滑的長期總成本曲線

以上吾人係假定僅有三種生產規模可供選擇，如果在最小的生產規模開始有非常多的不同規模可供選擇，則長期成本曲線即趨近於平滑的曲線。其中長期總成本曲線則如圖 7-5 所示，是從原點開始的一根反 S 形的曲線。長期平均成本及長期邊際成本曲線，則如圖 7-6 所示，亦為平滑的成 U 字形的曲線。邊際成本曲線亦在平均成本曲線的最低點與之相交，在交點之左，邊際成本曲線在平均成本曲線的下方，在交點之右，邊際成本曲線則在平均成本曲線的上方。

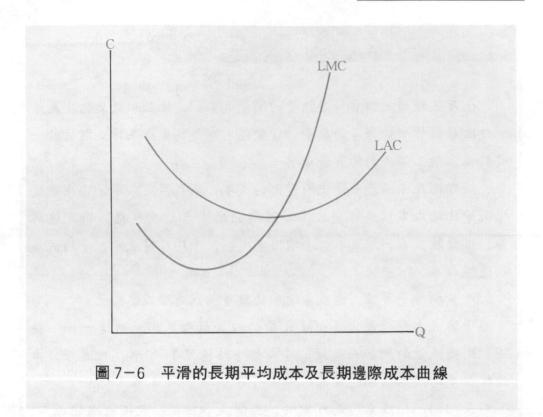

圖7-6　平滑的長期平均成本及長期邊際成本曲線

　　長期平均成本曲線一般的也呈U字形，即隨產量的增加，長期平均成本最初遞減，到一最低點後又開始遞增。長期平均成本最初遞減不難解釋，但長期間生產規模既可變動，何以最後還會遞增？長期平均成本最初遞減的原因，是由於生產規模擴大後，可以使用更精密的機器，採取更精密的分工，不但可以採取生產線方式，且可採取半自動化或全自動化的生產技術，生產效率提高，平均成本自然降低。同時生產規模擴大以後，在原料及半成品等的購買上，因為數量龐大，常會享受優待價格，這些亦足以使其平均成本降低。至於最後長期平均成本又開始上升，是因為不論生產規模可以擴大到何種程度，發揮企業才能的企業領導人只有一人，當生產規模擴大後，很可能在他執行領導、協調、決策的功能上，感到力不從心，效率大減，出現所謂報酬遞減的現象，從而導致平均成本又開始增加，此所以在極大多數廠商的情況，長期平均成本最後又遞增。

摘 要

生產某種特定財貨一定數量的機會成本，是他必須放棄的生產另一種次好財貨所能獲得的數量。貨幣成本則是爲生產某特定財貨的一定數量，所必須支付的貨幣費用。

短期間凡不隨產量變化而變化的成本，稱爲固定成本，隨產量變化而變化的成本稱爲可變成本。短期間的成本結構包括，固定總成本，可變總成本，總成本，平均固定成本，平均可變成本，平均成本及邊際成本。

產量增加一單位，總成本增加的數量稱爲邊際成本。

平均成本及邊際成本，隨產量的增加最初遞減，到達一極小值後，則隨產量的增加而遞增。畫成曲線時均呈 U 字形，而邊際成本曲線在平均成本曲線的最低點與之相交。

長期間一切成本均是可變的，長期成本結構，包括長期總成本，長期平均成本及長期邊際成本。

長期平均成本最初亦隨產量的增加而遞減，到達一極小值後，又隨產量的增加而遞增。

重要名詞

固定總成本	總成本
可變總成本	平均固定成本
平均可變成本	長期平均成本
平均成本	長期邊際成本
邊際成本	機會成本
長期總成本	貨幣成本

作業題

問答題：

❶ 說明在短期間那些成本項目屬於固定成本？那些項目屬於可變成本？

❷ 試解釋平均成本無論就短期或長期分析，何以最初隨產量之增加而遞減？然後又隨產量之增加而遞增？

選擇題：

( )❶平均成本與平均變動成本間之差距爲　(A)利潤　(B)平均固定成本　(C)邊際成本　(D)損失。

( )❷一種生產要素的費用占總成本的比例愈大，其價格的改變對總成本的影響　(A)愈小　(B)不變　(C)愈大　(D)難以認定。

( )❸當產出增加時，平均固定成本會　(A)增加　(B)不變　(C)先增加後減少　(D)減少。

( )❹折舊可視爲一種　(A)變動成本　(B)邊際成本　(C)平均成本　(D)固定成本。

( )❺高級管理人員的薪資是屬於公司的　(A)邊際成本　(B)無形資本　(C)變動成本　(D)固定成本。

( )❻設 MC 爲邊際成本，AVC 爲平均變動成本，則 MC 與 AVC 相交於　(A)AVC 的最低點　(B)MC 的最低點　(C)AVC 上升的部分　(D)AVC 下降的部分。

( )❼在什麼情況下，平均可變成本曲線將往上移　(A)固定成本增加　(B)技術進步　(C)可變要素價格上升　(D)產出的價格上升。

(　　)❽價格減去平均成本，我們稱之為　(A)利潤　(B)平均固定成本　(C)邊際成本　(D)每單位產量的利潤（或損失）。

(　　)❾以下對平均成本與邊際成本的敘述，何者是正確的　(A)平均固定成本是一條隨著產量增加，先遞減而後增加的曲線　(B)平均可變成本、平均成本、平均固定成本都是 U 字形的曲線　(C)邊際成本也是 U 字形的曲線，即是先增加而後遞減的曲線　(D)邊際成本曲線會先與平均可變成本的最低點相交，再與平均成本的最低點相交。

(　　)❿經濟學上定義的「長期」是指　(A)一年以上　(B)所有要素成本都是固定的　(C)所有要素成本都是可變的　(D)至少要素成本都是固定的。

(　　)⓫當邊際成本大於平均成本時，則平均成本的斜率是　(A)大於零　(B)等於零　(C)小於零　(D)等於 -1。

(　　)⓬在長期時，廠商的生產並沒有那一種成本　(A)邊際成本　(B)無形資本　(C)可變成本　(D)固定成本。

第八章 廠商的類型與收益結構

學習目標

研讀本章之後，希望同學們對以下的主題有所瞭解

1. 廠商的四種類型：完全競爭廠商，獨占廠商，寡占廠商與獨占競爭廠商
2. 完全競爭廠商的意義
3. 獨占廠商的意義
4. 寡占廠商的意義
5. 獨占競爭廠商的意義
6. 廠商的收益結構：平均收益，總收益與邊際收益

第1節　廠商類型的分類標準

廠商的行爲常隨廠商類型的不同而有差異，爲分析方便起見，吾人常按下列標準將廠商分爲四種類型。此項標準是，第一，同一產業中廠商數量的多少，是僅有一家，還是僅有少數幾家，或是數量很多。第二，同一產業中不同廠商所生產的產品，品質是否相同，或有差異。第三，在同一產業中，廠商的進入或退出是否自由，即新廠商的進入，或原有廠商的退出，有沒有人爲的或法律的障礙。第四，有關的商業情報是否完全，所有廠商是否能自由而完全的獲得情報，還是個別廠商均有其業務上的機密，不易爲其他廠商所知悉。依據此四項標準，吾人可將廠商分爲四種類型，即完全競爭廠商，獨占廠商，寡占廠商及獨占競爭廠商。而由這些廠商所構成的產業，即可稱爲完全競爭產業，獨占產業，寡占產業及獨占競爭產業。同樣這些產業的產品市場，亦可稱爲完全競爭市場，獨占市場，寡占市場及獨占競爭市場。吾人現將這四種類型廠商的性質，分別說明如下。

第2節　完全競爭的廠商

依據上節所述四項標準，完全競爭的廠商具有下列四項性質。第一，在此一產業中廠商的數量很多，每一廠商的銷售量占總銷售量的比重很小，因此沒有任何一家廠商能以其個別的行爲，影響產品的價格。產品的價格是由市場供需關係決定的，每一廠商均是價格的接受者，而不是價格的決定者，每一廠商僅能在由市場決定的價格下決定他的銷售量。第二，所有廠商產品的品質是劃一的，彼此間沒有差異，購買者所關心的是價格，對個別廠商沒有主觀上的偏愛。第三，生產因素的移動完全

自由，亦即新廠商要進入此一產業，或原有廠商要退出，沒有任何人為的障礙。第四，每一廠商對市場資訊完全瞭解，或自認為很瞭解。

根據上述四項特質，今天能稱為眞正的完全競爭的廠商為數已不多，若干基本產業如農業、漁業、畜牧業，尚具有完全競爭的特質。就農業而論，無論生產者所生產的是糧食、蔬菜，還是水果，農場的家數甚多，沒有任何一家其規模或產量足以影響市場價格。市場價格是由市場供需關係決定的。如生產過多供過於求，市價立刻下跌。若因特殊災害，供應不足，價格立刻上漲。所生產的產品僅有品種的差異，同一品種的產品在品質上並無差異。至於新生產者的參加，目前由於政府保護農業，對農地的買賣尚有法令的限制。至於農產品市場的資訊，生產者亦大體均能瞭解。至於漁業及畜牧業，生產者人數亦多，沒有任何一家其產量足以影響市場價格。同一品種的魚、鷄或豬，品質應屬完全相同。新生產者參加或原有生產者退出，均非常容易。市場資訊亦全能為生產者所瞭解。

要判斷廠商是否為完全競爭，尚有一消極的標準可以應用，完全競爭的廠商沒有為自己的產品定商標及做廣告的必要，因為所有生產同一品種產品的生產者，產品品質既屬一樣，不需要以商標加以區別。同時任一廠商如透過廣告推銷他的產品，則獲利者未必是他自己，其他生產者亦同樣獲利，故無做廣告的必要。另外，完全競爭廠商的產品，若非政府對其價格有所控制，則其價格的變動非常敏感，市場如果供過於求，其價格立即下跌；如果供不應求，價格立即上漲；如我國毛豬、鷄、香蕉等的價格，即經常隨供需關係而變動。

第 ③ 節　獨占廠商

獨占廠商亦具有四項特性：第一，在同一產業之內，廠商僅有一家，因此此一廠商即代表產業本身，廠商對產品的產量及價格具有相當的影

響力。第二，廠商所生產的產品，不僅在本產業中無第二家與其競爭，即其他產業的產品，在效用上亦無法能夠代替。第三，受到法律或人為因素的限制，新廠商要參加生產至為不易，或法律上根本予以禁止，或法律雖不禁止，由於某種原因亦不可能，此在以下分析獨占的成因時將予說明。第四，獨占者常有某種資訊或業務機密，不易為他人所瞭解。

在我國除了上述臺灣省菸酒公賣局外，獨占廠商為數甚多，而在經濟上的重要性亦高。例如不少的公用事業即為獨占，如都市中的自來水，交通部所管理的電報電話、郵政，經濟部所屬的臺灣電力公司，以及臺灣糖業公司關於砂糖的產銷，財政部所屬製鹽總廠對食鹽的產銷等均是。這些廠商所生產的產品與勞務，在國內均無第二家可以提供。而這些產品及勞務，並無適當的代替品，麥芽糖無法代替砂糖的用途，食鹽在調味及醃漬物品上更無他物可以代替。至於臺灣鐵路局即不能視為獨占，因為鐵路雖僅此一家，但鐵路所提供的客貨服務，卻有公路及民營運輸業可以代替。

獨占廠商之形成有下列幾項原因，第一，是政府法令所規定或受政府法令的保障，政府僅核准一家廠商從事生產，不得有第二家。政府所以容許獨占又是基於下列幾項考慮：㈠為了獲取財政收入。我國春秋時代齊國鹽鐵的專賣，即是最早的政府獨占事業，其目的即是為了能獲得大量的財政收入。現在對菸酒的獨占亦是為了財政目的，公賣收入在我國財政收入上占有相當重要的地位。其他若韓國對紅蔘的專賣，菸的專賣，目的亦是如此。㈡為了維護國民的健康，特別是麻醉品。麻醉品如鴉片、嗎啡，若經常使用有害身體健康。但麻醉品又為醫療上所不可少，故一般國家多規定由政府獨占製造，並銷售予特定對象，民間不得生產。㈢為了社會安全的理由，如炸藥，雷管，此項物品若不予管制，會嚴重影響社會安全。但因其又為工程及開礦所必須，故一般國家多由政府獨占生產，或核定民間生產而由政府監督。㈣為了消費者的福利，特別是部分公用事業，如自來水、電話、煤氣，皆須設置管線，其費用均相當

龐大，如准許多家經營必形成浪費，並增加消費者的負擔，故一般國家多由政府獨占經營，或僅核准一家民間公司經營而不核准第二家。㈤爲了鼓勵創造與發明，政府常授予著作人以版權，或發明人以專利權，於一定時間內著作人擁有出版權，發明人擁有專利權，他人不得侵犯，此爲一定時間的獨占。

獨占所以形成的第二個原因，是最初的生產者擁有生產某種財貨必要的資源，其他生產者因無法取得這種資源，因而無法參與生產。如我國臺灣糖業公司對砂糖的生產。因臺糖公司不但自己擁有大量土地，可生產砂糖的原料甘蔗，而且與生產甘蔗的農民訂立契約，由蔗農供應甘蔗，其他生產者要生產砂糖，即無法獲得足夠的甘蔗。而甘蔗亦無法自國外進口，故保障了臺灣糖業公司在砂糖生產上的獨占地位。

形成獨占的第三個原因，是爲了生產產品或提供服務，需要龐大的資本設備，當第一家已建立起這套生產設備後，新生產者要參與生產從事競爭，必須先要建立起同樣的資本設備。可是有了資本設備後，能否獲利卻並無把握，因此可能有的新廠商便會裹足不前，讓第一家保持獨占地位。如我國並無法令規定，民間不得設立電力公司，但要供應電力，必須興建水庫，發電廠，甚而核能電廠，另外還要設置變壓設備，輸電線，所需資金極爲龐大，無法使第二家電力公司出現，於是造成了臺灣電力公司實際的獨占地位。

要判定某一廠商是否獨占，往往亦有一間接的標準可予應用，即有些獨占者對其產品的出售，在不同的市場，或對不同的消費者，可以採取差別價格政策，即對同樣的產品，售與不同的購買者，訂出不同的價格，或對不同的購買量，訂出不同的價格。如臺灣電力公司即有三種電價，對家庭用電是一種價格，工業用電是另外一種價格，而營業用電則是第三種價格。工業用電價格最低，營業用電價格最高。同時對家庭用電，未超過基本度數者是一種價格，超過基本度數後，則要收取較高的價格，這種做法就是差別定價。又如鹽的價格亦有三種，食用鹽，漁業

用鹽及工業用鹽。當然並非所有的獨占者都能採取差別價格的方法，但能採取差別價格的一定是獨占者。

第④節　寡占廠商

寡占廠商亦具備下列四種特性，第一，在此一產業中重要的廠商在兩家以上，二十家以下，不重要的廠商不超過一百家。因為重要的廠商家數甚少，每一廠商的銷售量在市場總銷售量中占一相當的比重，因此每一廠商的銷售行為，都足以影響整個市場的價格，亦即廠商相互之間其利益可能是衝突的；即某一廠商如果其銷售量增多，利潤增大，則很可能其他廠商的銷售量會減少，利潤亦可能會降低。因此廠商與廠商之間的競爭非常激烈，非其他市場可比。第二，不同廠商的產品，品質可能是一樣的，沒有差異，這種廠商可稱為純粹寡占，例如水泥的生產即是一例。亦可能不同廠商之間，產品的品質有差異，產品主要的功能是一樣，但可能在設計上，外形上，色彩上，或售後服務上，不同廠商的產品之間並不一樣，這種廠商可稱為差異寡占，如家用電器的電冰箱、洗衣機、電視機、冷氣機，化工業中的洗衣粉，汽車製造業所生產的汽車均是。第三，新生產者要參加這種生產事業，往往會受到原來廠商聯合的抗拒，因為這可能有損於原來廠商的利益，故生產因素的移動並不完全自由。第四，廠商可能具有業務上或資訊上的機密，為其他廠商所不瞭解，而卻想盡方法予以瞭解者，故市場資訊不能視為完全。

寡占廠商在吾人日常生活中亦占相當重要的地位，如水泥、味精、洗衣粉、家用電器、汽車，目前均多由寡占廠商從事生產。其中水泥與味精均為純粹寡占，而其他的則為差異寡占。

寡占廠商尚有一性質為其他類型的廠商所無，即寡占廠商的價格非常穩定，除非成本或市場有重大的變動，不輕易變更價格。因為若任何

一家廠商以降價的方式從事競爭，由於他的銷路會增加，其他廠商的利益往往會受到損害，其他廠商為了維護自己的利益，往往會採取報復的行動，採取同樣降價的方式來抵制，結果全部廠商都得不到好處，可能弄得數敗俱傷。因此寡占廠商不輕易採取價格競爭的手段，往往採取價格以外的手段從事競爭，例如改進設計與包裝，增加售後服務，贈送贈品，或附以獎券，中獎者可獲得特殊獎品等，以提高購買者的興趣。如果吾人發現某些廠商採取這種競爭方式，則這種廠商一定是寡占廠商。

第 5 節　獨占競爭廠商

　　獨占競爭廠商所具有的性質，除一點不同外，其餘均與完全競爭廠商相同；即廠商人數甚多，沒有任何一廠商能以自己的行為影響整個市場。新廠商參加產業或原有廠商之退出，均非常自由，沒有任何人為的或法律的障礙。市場情報亦非常完全。所不同的一點是，不同廠商彼此間的產品或所提供的服務，品質上略有差異。這種品質的差異或者客觀的可以判別，或者品質上原無差異，但站在購買者本身的因素而認為有差異。因此獨占競爭廠商對其產品的價格有部分的影響力，不同廠商間價格可能有差異。同時購買者因其本身的因素，購買產品時對廠商有所選擇。

　　獨占競爭廠商在現代經濟生活中為數眾多，如吾人日常接觸的雜貨店、食品店、飯館、理髮店、美容院、花店、皮鞋店等均是。同是廣東菜的餐館，所做出的菜餚，在顧客的品味上是有差異的。不同雜貨店所出售的醬油、香菸，可能都是同一品牌，但顧客多是就最近的雜貨店購買，而不會跑到很遠的雜貨店去購買，因為不但花時間還要多支出交通費也。

　　獨占競爭廠商通常規模均不大，亦不須具備特殊的技術，因此很容易吸引生產者加入。亦因此獨占競爭廠商的流動率均甚高，平均營業壽

命均較短，百分之三十左右的廠商，其營業壽命均不超過五年，此吾人可由都市中上述廠商常常有的結束營業，而同時又有些擇吉開張可以看出。

第*6*節　收益結構

決定廠商利潤的因素，除生產成本外，另一重要的因素即廠商的收益，因廠商的利潤即等於總收益減總成本的餘額也。所謂收益，即廠商出售其產品或提供服務所獲得之貨幣收入。廠商的收益，重要的有三個概念，即平均收益，總收益與邊際收益。

所謂平均收益，即廠商銷售產品或提供服務，平均每一單位所能獲得的收入，亦即產品的價格。對於完全競爭廠商，因為他不能影響市場價格，價格是由市場供需關係所決定，在此一市場價格下，他可以銷售任何數量的產品，因此其平均收益是固定的。以圖形來表示，其平均收益線便是一根平行於橫座標的直線。圖 8−1 中，橫座標表示廠商的銷售量，縱座標表示產品的價格，P_0 為由市場供需關係所決定的價格，不論該廠商的銷售量為多少，此一價格不會變，故他的平均收益曲線即是圖中平行於橫座標的 AR 直線，以下吾人即以 AR 表示平均收益。

但是對於完全競爭以外的其他類型的廠商，情形即不一樣，不論是獨占廠商，寡占廠商，還是獨占競爭廠商，如果他訂的價格高，則其銷售量必少；若要增加銷售量，則必須降低價格，因此其價格或平均收益與銷售量有密切關係，其銷售量多則其價格必低，若其價格高，則銷售量必少，以下吾人試舉一數字之例予以說明。表 8−1 中第一行為廠商的銷售量，第二行為平均收益或價格。從表中可看出，若其價格為 50，則廠商僅能銷售一個單位。如果價格為 45，則可銷售兩個單位，價格愈低，則其銷售量愈大，若價格為 32，則可銷售五個單位。吾人若將兩者之間的關係用圖形表示出，則如圖 8−2 所示，圖中 AR 曲線即是此一廠商的

平均收益曲線，這是一根由左上方向右下方延伸的曲線。

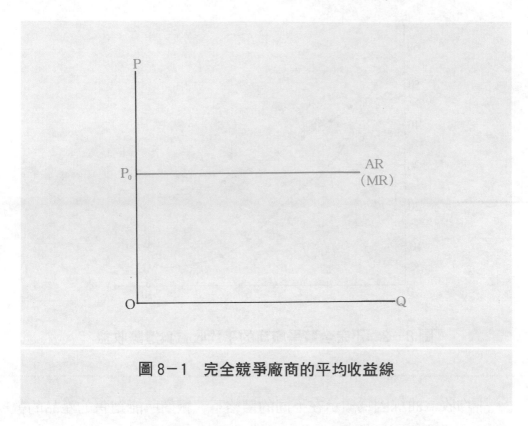

圖 8−1　完全競爭廠商的平均收益線

表 8−1　平均收益，總收益，邊際收益表

1.銷售量	1	2	3	4	5	6	7	8	9
2.平均收益 AR	50	45	40	36	32	28.5	25.5	23	21
3.總收益 TR	50	90	120	144	160	171	178.5	184	189
4.邊際收益 MR	50	40	30	24	16	11	7.5	5.5	5

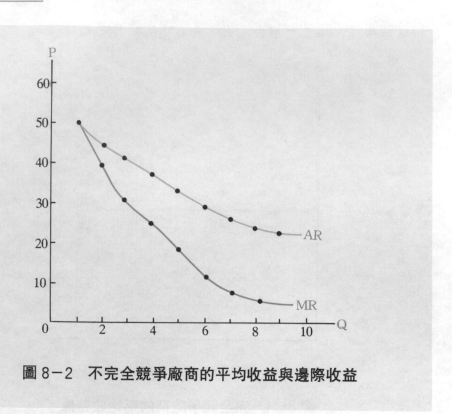

圖 8－2　不完全競爭廠商的平均收益與邊際收益

　　平均收益曲線因爲顯示在不同的價格下，廠商所能銷售的產品的數量，故此曲線亦可稱爲廠商的銷售曲線，或市場上的購買者對此一廠商產品的需求曲線，此三個名詞可代表同一曲線的三個不同的意義。

　　第二個有關的概念爲總收益，吾人以 TR 表示，此即銷售產品後所獲得的全部貨幣收入，亦等於價格或平均收益與全部銷售量的相乘積。對完全競爭廠商，因爲不論其銷售量爲多少，市場價格不變，故總收益隨銷售量之增加而比例增加。設市場價格爲 50，則銷售一單位總收益爲 50，銷售二單位，總收益爲 100，銷售三單位，總收益爲 150，餘類推。若以圖形表示，則如圖 8－3 中之 TR₁ 線，這是一根由原點畫出之直線，表示銷售量愈多，則總收益比例增大。對不完全競爭廠商，如要增加銷售量，其價格必須降低，故隨銷售量的增加，總收益之增加並不與銷售量成比例。由表 8－1 即可看出，廠商銷售一單位時，其總收益爲 50，銷售二單位時，其總收益不是 100，而是 90，因爲要銷售二單位，其價格必

須由 50 降爲 45，故其總收益即爲 90。同理銷售三單位時，總收益便爲 120，餘類推。如果吾人以圖形表示，其總收益線便是如圖形中的 TR₂ 的一根曲線。

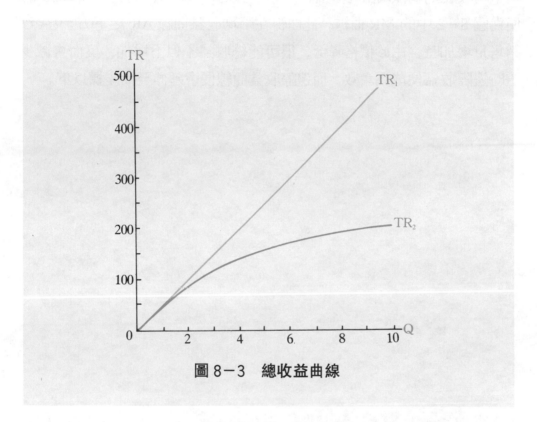

圖 8-3　**總收益曲線**

　　第二個有關的概念爲邊際收益，吾人以 MR 表示，即廠商銷售量每增加一單位時，總收益的增加量。對完全競爭廠商，不論其銷售量爲多少，價格不變，因此銷售量每增加一單位，其總收益的增加量等於平均收益，故以圖形表示，其邊際收益線與平均收益線合而爲一。在圖 8-1 中，AR 線也就是 MR 線，兩者是相等的。但對於不完全競爭廠商情形即不一樣，因爲不完全競爭廠商要增加一單位的銷售量，其價格必須降低，因此爲計算增加一單位銷售量的邊際收益，必須從增加的一單位產品的出售所獲得的平均收益中，扣除因價格降低所引起的損失，因此邊際收益必然比平均收益低。在表 8-1 中吾人亦可看出，銷售量由一單位增至二單位時，總收益由 50 增至 90，即增加了 40，故邊際收益爲 40。但銷售

二單位時其平均收益爲 45，顯然邊際收益比平均收益爲低。同樣銷售量爲三單位時，總收益由 90 增爲 120，即邊際收益爲 30，而銷售三單位時其平均收益則爲 40 也，餘類推。吾人若以圖形表示，則其邊際收益曲線便爲圖 8-2 中的 MR 曲線，此曲線在平均收益曲線 AR 之下方。甚至當銷售量增加時，由於價格降低，很可能總收益不但不增加，反而會減少，這時邊際收益便成爲負數，而邊際收益曲線便會延伸至橫座標以下。

摘　　要

　　依據同一產業中廠商人數的多少；不同廠商間其產品的品質是否完全相同，還是有差異；生產因素的移動是否完全自由，亦即新廠商是否可自由加入，而並無人為的或法律上的障礙；以及市場情報是否完全；一般可將廠商分為四種類型，即完全競爭廠商，獨占廠商，寡占廠商與獨占競爭廠商。由這些廠商所組成的產業，亦可稱為完全競爭產業，獨占產業，寡占產業與獨占競爭的產業。其產品的市場則可稱為完全競爭市場，獨占市場，寡占市場與獨占競爭市場。除完全競爭廠商外，其他三種廠商亦可統稱為不完全競爭廠商。

　　廠商的銷貨收入稱為收益。平均每一產品單位所獲得的收益，稱為平均收益，亦即產品的價格。由全部銷售量所獲得的收益稱為總收益，即銷售量與平均收益的相乘積。銷售量每增加一單位，總收益的增加量稱為邊際收益。完全競爭廠商，邊際收益等於平均收益。不完全競爭廠商，其邊際收益小於平均收益，且可能為負數。

重要名詞

完全競爭廠商	收益
獨占廠商	平均收益
寡占廠商	總收益
獨占競爭廠商	邊際收益

作業題

問答題：

❶ 試分析證券市場是否為一完全競爭的市場。

❷ 形成獨占廠商的原因有那些，試舉要說明。

❸ 設某一廠商其銷售量與價格的關係如下，試計算其總收益與邊際收益。

銷售量	1	2	3	4	5	6	7	8
價格	150	140	132	125	119	113	109	105

選擇題：

( )❶邊際收益是指　(A)最後一家廠商的收益　(B)多增加一單位的銷售，該單位產品的價格　(C)多增加一單位的銷售，所增加的總收益　(D)最後一個商品的收益。

( )❷當總收益達到最大時，對應的邊際收益應該　(A)等於 1　(B)等於 0　(C)大於 0　(D)大於 1。

( )❸下列對於平均收益曲線的敘述，何者是錯誤的　(A)代表在不同價格之下，廠商所能銷售商品的數量　(B)稱為市場上的需求曲線　(C)稱為消費者個人的需求曲線　(D)稱為廠商的銷售曲線。

( )❹下列的敘述何者為誤　(A)平均收益是指產品的價格　(B)在完全競爭廠商，其平均收益曲線即為邊際收益曲線　(C)在不完全競爭廠

商，其平均收益曲線即爲邊際收益曲線　(D)在不完全競爭廠商，其平均收益大於邊際收益。

(　) ❺在臺灣的水泥工業是屬於　(A)完全競爭市場　(B)寡占市場　(C)獨占市場　(D)獨占競爭市場。

(　) ❻下列那一個廠商類型的商品是劃一的　(A)獨占競爭市場　(B)完全競爭市場　(C)獨占市場　(D)寡占市場。

(　) ❼下列那一個廠商類型的產品價格是由市場供需決定的　(A)寡占市場　(B)獨占市場　(C)完全競爭市場　(D)獨占競爭市場。

(　) ❽以完全競爭市場與獨占市場做比較，那一個廠商的價格決定違反市場機能　(A)完全競爭市場　(B)獨占市場　(C)兩者都違反　(D)兩者沒有違反。

(　) ❾「差別取價」只發生在下列那一個廠商類型　(A)寡占市場　(B)獨占市場　(C)完全競爭市場　(D)獨占競爭市場。

(　) ❿下列那一個廠商類型的廠商間會採取價格以外的競爭方式　(A)寡占市場　(B)獨占市場　(C)完全競爭市場　(D)獨占競爭市場。

(　) ⓫完全競爭市場與獨占競爭市場的主要差異在於　(A)廠商人數多寡　(B)市場情報的掌握完全與否　(C)新廠商的進出市場完全與否　(D)產品的品質完全劃一與否。

(　) ⓬下列那一個廠商類型的廠商對價格的控制力量最大　(A)寡占市場　(B)獨占市場　(C)完全競爭市場　(D)獨占競爭市場。

(　) ⓭獨占廠商的形成主要是因爲　(A)政府法令的保障　(B)最初的生產者控制了必要的生產資源　(C)該產業所需的投入成本太大　(D)以上皆是。

第九章　完全競爭廠商產量的決定

學習目標

研讀本章之後，希望同學們對以下的主題有所瞭解

1. 完全競爭廠商決定短期最適產量的準則
2. 完全競爭廠商的短期供給曲線
3. 完全競爭廠商決定長期最適產量的準則
4. 在長期間完全競爭廠商僅能賺取正常利潤，並無額外利潤

廠商爲了獲取最大利潤，依據其成本結構及市場需求情況，如何決定其產量或價格，是廠商主要關心的問題。不同類型的廠商，對於最適產量的決定，所依據的原則亦有所不同，本章先分析完全競爭廠商如何決定最適產量。

第1節　廠商的短期均衡

先考慮廠商的短期情況。所謂短期，即廠商的生產規模固定，依據需求情況的變化，廠商僅能就其現有的生產規模，決定其最適產量，而無法變更其生產規模。

廠商的主要目的是爲了獲取利潤，而且是爲了獲取最大的利潤，而總利潤則是總收益與總成本的差額，亦即

$$總利潤(\pi) = 總收益(TR) - 總成本(TC)$$

如果總收益大於總成本，則利潤爲正數，如果總收益小於總成本，利潤則爲負數，廠商即有損失。因爲總收益總成本均是產量的函數，廠商一定選擇此一產量，能使總收益與總成本的差額爲最大。吾人可用圖形表示如圖 9 - 1。圖中橫座標表產量，縱座標表總收益，總成本及總利潤。完全競爭廠商因爲無法影響價格，價格是由市場供需關係決定的，故其總收益線是一根由原點引出的直線。TC 則爲短期總成本曲線，此兩線相交於 A，B 兩點。由橫座標顯示，當產量等於 OM 或 ON 時，總成本等於總收益，故總利潤爲零，因此 A，B 兩點可稱爲兩平點。當產量低於 OM 時，總成本大於總收益，總利潤爲負。當產量大於 ON 時，總成本亦大於總收益，其總利潤亦爲負。唯有產量在 OM 與 ON 之間，總收益大於總成本，總利潤始爲正數。因此廠商必須在此兩種產量之間，選擇一產量以使其總利潤爲最大。爲決定此一產量，吾人可將總收益與總成本的差額，亦以一曲線表示之，此即圖形中之 π 線，可稱爲總利潤曲線。在

原點與 M 點之間，此曲線在橫座標的下方，表示利潤爲負。此因產量低
於 OM 時，總收益低於總成本也，同樣在 N 點的右方，此曲線亦在橫座
標的下方。唯有在 M 點與 N 點之間，此曲線在橫座標的上方，因爲產量
在 OM 及 ON 之間，總收益大於總成本故也，此時總利潤爲正。但在此
一範圍內有一利潤爲最大的產量，此即 OK，而總利潤則爲 DK，故產量
OK 稱爲廠商的最適產量。

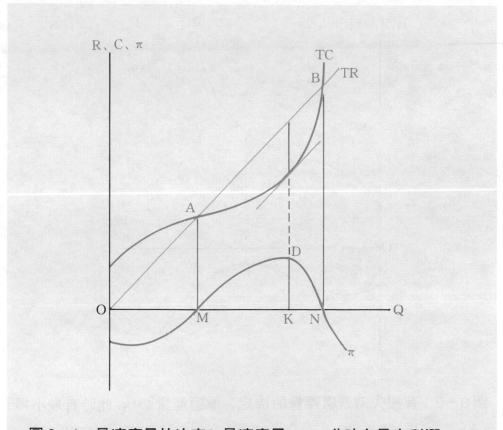

圖 9-1　最適產量的決定：最適產量 OK，此時有最大利潤 DK。

　　因爲完全競爭的廠商不能影響價格，如果市場價格偏低，不論產量
爲多少，總收益均低於總成本。但生產者爲了某種考慮，如預期未來價
格將上漲，仍願繼續從事生產，則其產量將如何決定？顯然此時他必選
擇一產量能使其損失達到最小者。此如圖形 9-2 所示。圖中不論產量爲

多少，總收益均小於總成本，因此總利潤均爲負數，總利潤曲線全部均在橫座標的下方。但在所有產量中仍有一產量能使損失爲最小，此即當產量爲 OK 時，其虧損爲 KE，故其最適產量即爲 OK。從以上的分析可知，完全競爭廠商在短期間，其最適產量爲總利潤爲最大，或總虧損爲最小的產量。

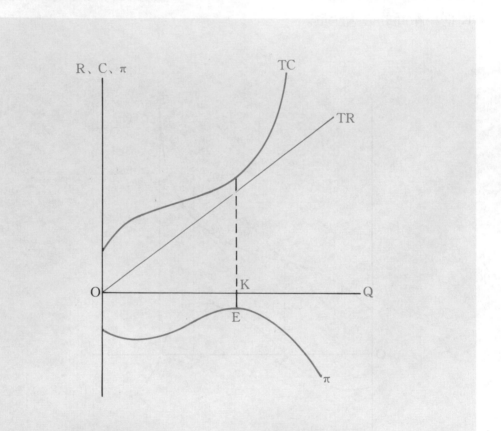

圖9-2　**有損失時最適產量的決定：最適產量** OK，**此時有最小損失** KE**。**

最適產量的決定亦可用邊際分析法說明。吾人已知若產量增加一單位，總收益的增加量爲邊際收益，總成本的增加量則爲邊際成本。如果廠商增加一單位的產量，其邊際收益大於邊際成本，顯然增加生產量爲有利。因爲邊際收益既大於邊際成本，則增加一單位的產量會使其總利

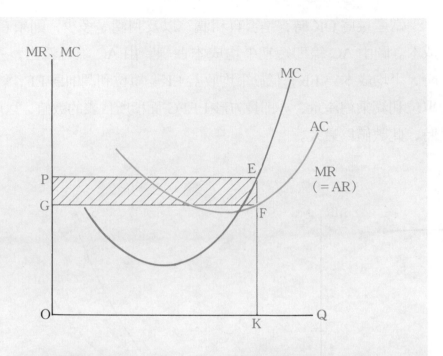

圖9-3　最適產量的邊際分析法⑴：經由最適條件 P＝MR＝MC，
　　　　決定最適產量 OK，此時有最大利潤 PGFE。

潤增加。反之如果增加一單位產量，其邊際成本大於邊際收益，則減少
生產量爲有利。因爲每減少一單位產量，亦會使其利潤增加。根據以上
兩種情況，顯然廠商必生產到此一產量，即邊際收益剛好等於邊際成本，
此時既不需要增加產量，亦不需要減少產量，此時的產量即爲最適產量。
此如圖9-3所示。縱座標OP爲由市場所決定的價格。由P點畫橫座標
的平行線，此直線即爲廠商的平均收益線，亦爲其邊際收益線。MC則爲
短期邊際成本曲線，邊際成本曲線與邊際收益線相交於E點，E點即爲
廠商的短期均衡點。由E點知廠商的短期最適產量爲OK。如產量小於
OK，則邊際收益大於邊際成本，增加產量爲有利，因增加生產可使總利
潤增加。如果產量大於OK，則因邊際成本大於邊際收益，減少生產爲有
利，因減少生產同樣能增加利潤，亦使其總利潤增加。唯有產量爲OK
時，總利潤能達到最大，產量不再變動。

當產量爲 OK 時，是否有利潤？以及利潤是多少，則須看短期平均成本。圖中 AC 線即短期平均成本曲線。由 AC 線可看出，產量爲 OK 時，平均成本爲 FK，低於平均收益 EK，單位利潤則爲 EF，總利潤則爲單位利潤乘總產量，亦即長方形 PEFG 面積所代表的數值，以產量爲 OK 時，此數值爲最大。

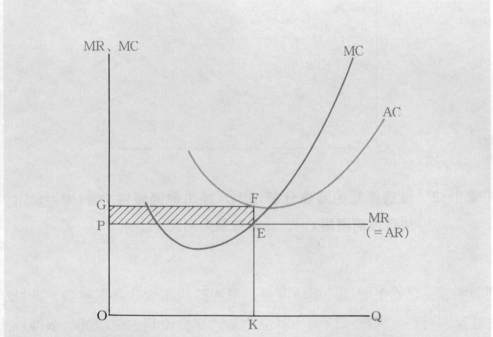

圖9-4　最適產量的邊際分析法⑵：經由最適條件 P＝MR＝MC，決定最適產量 OK，此時有最小損失 PGFE。

如果如圖 9-4 所示，平均成本曲線在平均收益曲線上方，在最適產量時平均成本 FK 大於平均收益 EK，則廠商有虧損，其單位損失爲 EF，其總損失則爲單位損失乘以總產量，亦即長方形 PEFG 面積所代表的數值。但亦以在最適產量下此損失爲最小，如果產量大於或小於 OK，其虧損將更大。

第2節　廠商的短期供給曲線

由廠商短期間決定最適產量的法則，吾人即可引申出廠商短期的供給曲線。由於完全競爭廠商的價格由市場供需關係決定，如果由於市場價格變動，吾人能知道廠商如何調整其產量，吾人即可引申出廠商的短期供給曲線。在圖 9-5 中吾人不僅畫出廠商的短期平均成本及邊際成本曲線，也畫出了平均可變成本曲線 AVC，短期平均成本曲線與平均可變成本曲線之間的垂直距離，代表平均固定成本。由此圖知若市場價格為 OP_1，吾人由 P_1 畫橫座標的平行線，此線即為廠商的平均收益與邊際收益線，吾人以 MR_1 表之。由圖形可以看出，MR_1 線與邊際成本曲線的交點為 A，由 A 所決定的最適產量則為 OM，在此一產量下，平均收益大於平均成本，廠商的利潤為正，廠商自然願意生產，而 A 點即可看作是價格與供給量的組合點。如果市場價格高於 OP_1，廠商當然更願意生產，而邊際成本曲線與邊際收益線的交點，即可決定最適產量。但如市場價格降低，設為 OP_2，由 P_2 畫橫座標的平行線，則為廠商新的平均收益線及邊際收益線。根據此一邊際收益線與邊際成本線的交點，廠商的最適產量則為 ON。但在此一產量下，廠商的平均收益已低於平均成本，廠商是否還願意生產？由圖形吾人知道，廠商的平均收益雖已低於平均成本，但尚高於平均可變成本。廠商如果繼續生產，產品銷售後不但可收回全部的平均可變成本，而且還可以收回一部分平均固定成本。如果停止生產，平均可變成本固然不用支付，但固定成本則仍須支付，其損失還比維持生產時為大，因此仍以繼續生產為有利。如果市場價格再降低，而為 OP_3，吾人由 P_3 畫橫座標的平行線，此線切於平均可變成本曲線的最低點 C。此時如果廠商從事生產，其最適產量則為 OK，但在此一產量下，廠商的平均收益僅等於最低平均可變成本，廠商繼續生產平均可變成本雖可收回，但平均固定成本則無法收回。廠商如果停止生產，可變

成本固然不須支付，但固定成本亦同樣要支付，因此繼續生產或停止生產，對廠商完全一樣，如果生產，則其最適產量為 OK。但如市場價格低於 OP₃，顯然廠商如繼續生產，則其平均收益不但低於平均成本，也低於平均可變成本，既連平均可變成本也無法全部收回，自然以停止生產為有利。由以上的分析，吾人可看出，短期邊際成本曲線在平均可變成本曲線最低點以上的線段，即為廠商的短期供給曲線，此曲線是一根由左下方向右上方延伸的曲線。如果將此一產業中所有廠商的短期供給曲線就橫座標相加，即成為市場的短期供給曲線了。因為個別廠商的短期供給曲線是一根左下方向右上方延伸的曲線，故市場短期供給曲線亦為一根由左下方向右上方延伸的曲線，如吾人在第三章中所已經說明者。

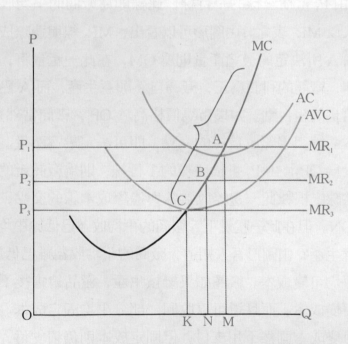

圖 9-5　廠商的短期供給曲線：是邊際成本曲線在平均可變成本曲線最低點以上的線段

第**3**節 廠商的長期均衡

其次，吾人研究完全競爭廠商的長期均衡，亦即在長期廠商如何選定其生產規模，及決定其最適產量。吾人已知由長期觀點，不但廠商的生產規模可以變動，而且此一產業中廠商的人數亦會變動。因為短期間如果多數廠商皆能賺取利潤，則會引起新廠商的加入。新廠商加入後，則市場供給量將增加；如果市場需求不變，則市場價格將下跌，價格下跌後，原來廠商的利潤將逐漸消失。反之，如果原來廠商都有虧損，則一定會有部分廠商退出生產。部分廠商退出後，市場供給量將減少；如果市場需要不變，則市場價格將上漲，價格上漲後，留在此一產業中繼續生產的廠商，其虧損逐漸減少，最後不再虧損。只要多數廠商能獲取利潤或有虧損，則廠商人數將繼續變動，最後等每一從事生產的廠商既無利潤，亦無虧損，廠商人數變動的情形亦會停止。

另一方面由長期觀點，每一廠商亦可能會調整其生產規模。即如果廠商原來的生產規模，不是最適生產規模，即不能使長期平均成本為最低，此時廠商必調整其生產規模使成為最適生產規模。

當然如果隨廠商人數的變動及廠商生產規模的變動，亦會引起生產因素價格之變動。若廠商人數增加，對生產因素的需求增加，會引起生產因素價格的上漲。如果廠商人數減少，則對生產因素的需求減少，亦可能引起生產因素價格的降低。無論生產因素的價格是上漲還是下跌，一定會影響廠商的成本結構，其成本曲線會移動。

以上三種變化同時進行，理論上當這三種變化已告停止時，則不但廠商達到其長期均衡狀態，整個產業亦達到長期均衡狀態。對個別廠商言，不但市場價格已決定，其長期最適產量也已決定，此吾人可用圖9－6表示之。

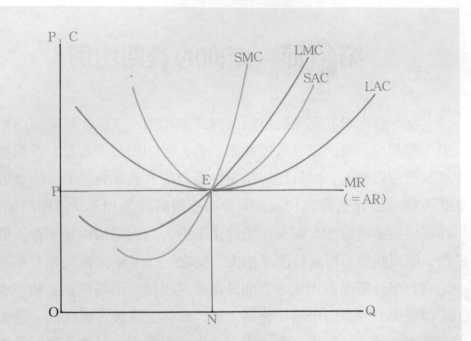

圖9-6　完全競爭廠商的長期均衡：最適產量 ON，**僅能賺取正常利潤，並無額外利潤。**

　　廠商的長期最適產量ON，決定於平均收益等於長期最低平均成本的一點，此邊際收益亦為廠商的平均收益，是透過市場供需關係所決定的市場價格。此在圖9-6中即邊際收益線與長期平均成本曲線，切於後者之最低點E。短期平均成本曲線亦在E點與長期平均成本曲線相切，因此廠商不但選擇了最適當的生產規模，同時對這一生產規模亦使用到平均成本能為最低。另一方面長期邊際成本曲線與短期邊際成本曲線亦均通過E點，此亦表示在最適產量下邊際收益亦等於邊際成本。吾人可將以上長期最適產量所必須滿足的條件列成下列等式，即

平均收益(AR) ＝ 邊際收益(MR) ＝ 短期邊際成本(SMC)

＝ 長期邊際成本(LMC) ＝ 短期平均成本(SAC)

＝ 長期平均成本(LAC)

由廠商長期均衡的條件吾人可看出兩項特質，第一，在長期間完全競爭的廠商並無長期供給曲線，僅有一特定的長期供給量，此即當長期平均成本為最低時的生產量。長期邊際成本曲線不是廠商的供給曲線，因廠商並不是依據長期邊際成本決定其供給量。短期邊際成本曲線則是其短期供給曲線，因當長期均衡受到干擾而破壞，市場價格發生變動時，廠商將依據其短期邊際成本調整其產量，再設法向長期均衡調整。

第二，由於達到長期均衡時，平均成本等於平均收益，表面上似乎並無利潤存在。事實上僅是無額外利潤，但是仍有正常利潤（normal profit）。此正常利潤在長期間當作成本因素，已計入成本之中。所謂正常利潤，乃是廠商願意停留於此產業以內，所必須能賺得的最低利潤。如果連此一利潤都不能賺得，廠商不是會退出此一產業，即是會暫時停止生產。故在長期間乃將此一利潤視作成本，計入平均成本以內，使生產者能獲得此項利潤而願意繼續生產。

摘　要

　　完全競爭廠商的短期最適產量，決定於邊際收益等於邊際成本的一點。在此一產量下，如果平均收益大於短期平均成本，則廠商有額外利潤，此額外利潤亦比任何其他產量時爲大。如果平均收益小於短期平均成本，則廠商會有損失，但此項損失亦比任何其他產量時爲小。

　　完全競爭廠商的短期邊際成本曲線，在平均可變成本曲線最低點以上的線段，爲廠商的短期供給曲線。集合所有廠商的短期供給曲線，即爲此一財貨的市場短期供給曲線。

　　完全競爭廠商的長期最適產量，決定於邊際收益等於長期邊際成本，亦等於短期邊際成本的一點。在此一產量下，其平均收益亦等於長期平均成本與短期平均成本。

　　完全競爭廠商並無長期供給曲線，僅有一特定的長期供給量，此即能使長期平均成本爲最低的生產量。在長期間廠商僅能賺取正常利潤，並無額外利潤。

重要名詞

兩平點　　　　　　　　　　　　廠商的短期供給曲線

最適產量　　　　　　　　　　　廠商的長期均衡

廠商的短期均衡　　　　　　　　額外利潤

作業題

問答題：

❶ 試述在短期間，完全競爭廠商如何決定其最適產量？

❷ 由長期觀點，如果多數廠商均能獲得額外利潤，則在市場上會引起何種變化？

❸ 當廠商達到長期均衡時，何以不能獲得額外利潤？

選擇題：

（　）❶ 下列那一項並非是完全競爭廠商的特徵　(A)廠商數目眾多　(B)完全掌握市場價格　(C)新廠商的進出市場完全自由　(D)產品的品質完全劃一。

（　）❷ 在完全競爭廠商，其平均收益曲線與邊際收益曲線的關係為　(A)平均收益等於邊際收益　(B)平均收益小於邊際收益　(C)平均收益大於邊際收益　(D)沒有關係。

（　）❸ 在完全競爭廠商，其產品價格是由市場供需決定的，因此其需求曲線形狀為　(A)水平　(B)正斜率　(C)負斜率　(D)垂直。

（　）❹ 完全競爭廠商決定短期最適產量的準則「不」為 (A)P＝MC　(B)P＝AC　(C)P＝AR　(D)MC＝AR。

（　）❺ 若完全競爭廠商的 AC 曲線恆大於 AR 曲線，則 P＝MC 的準則決定　(A)最大利潤　(B)最大損失　(C)最小損失　(D)最小利潤。

( )❻完全競爭廠商的短期歇業點為　(A)AC 最低點　(B)MC 最低點　(C) AFC 最低點　(D)AVC 最低點。

( )❼完全競爭廠商達到長期均衡，其長期利潤為　(A)大於零　(B)小於零　(C)等於零　(D)以上皆可能。

( )❽「在完全競爭市場中，由於產品的品質劃一，故生產者無須應用商標，也無須進行廣告宣傳」，以上之說法是否正確？　(A)正確　(B)不正確　(C)須依情況而定　(D)不正確的可能性大。

( )❾完全競爭廠商的短期供給曲線是　(A)平均成本曲線正斜率的部分　(B)邊際收益曲線水平的部分　(C)平均變動成本曲線高於平均固定成本曲線的部分　(D)邊際成本曲線高於平均變動成本曲線的部分。

( )❿完全競爭的廠商生產到下列那一種情況時，利潤為最大？　(A)邊際收益等於平均成本　(B)價格等於邊際成本　(C)邊際成本等於平均成本　(D)價格等於平均成本。

( )⓫若市場價格高於平均可變成本，但卻低於平均總成本，則廠商　(A)僅可賺得經濟利潤　(B)有損失，故短期間應暫停生產　(C)有損失，但短期間仍應生產　(D)將不再沿著供給曲線生產。

( )⓬完全競爭市場中，產業的供給曲線是個別廠商供給曲線的　(A)水平加總　(B)垂直加總　(C)兩者一致　(D)兩者無關。

( )⓭在完全競爭產業之長期均衡下，追求最大利潤之廠商會使　(A)價格等於平均變動成本　(B)價格高於邊際成本　(C)價格等於平均成本　(D)平均固定成本達到最低點。

( )⓮以下有關完全競爭廠商的敘述，何者是錯誤的？　(A)銷售量改變時，價格不變　(B)邊際收入等於價格　(C)平均收入等於價格　(D)邊際收入小於平均收入。

( )⓯假設有一完全競爭的廠商，在短期中其生產的成本 AVC ＝1，MC ＝0.5，而產品在市場售價 P ＝20 則此一廠商應　(A)擴大生產　(B)增加廣告　(C)提高售價　(D)減少產量。

( )⓰在一完全競爭市場下，廠商的最大利潤為　(A)邊際產出等於平均

產出 (B)邊際產出等於投入價格 (C)邊際成本等於產品價格 (D)邊際產值等於投入價格。

第十章　獨占廠商產量及價格的決定

學習目標

研讀本章之後，希望同學們對以下的主題有所瞭解

1. 獨占廠商決定最適產量的準則
2. 獨占廠商沒有供給曲線
3. 獨占廠商不一定謀取獨占利潤
4. 差別定價的意義

與完全競爭廠商形成極端的是獨占廠商。獨占廠商如何決定其最適產量？獨占廠商有那些特殊的市場行為？本章將給予簡單說明。

第**1**節　產量與價格的決定

獨占廠商從事生產的目的，亦是為了獲取最大利潤，特別是為了獲取最大獨占利潤。因此獨占廠商為決定其最適產量，亦必須考慮其生產成本及收益因素，必須將其產量決定於總收益超過總成本，且其差額為最大的那一水準。但獨占廠商有一點是與完全競爭廠商不同的，即獨占廠商如果希望其銷售量能增加，則其產品價格非降低不可，亦即其平均收益與銷售量成反變，銷售量愈多，則其平均收益愈低，其平均收益曲線不再是一根彈性為無限大，因而平行於橫座標的一根直線，而是由左上方向右下方延伸的一條曲線。同樣其總收益曲線也不是一根由原點劃出的一根直線，它不但會隨銷售量的增加而增加，當銷售量超過某一水準後，如要繼續增加其銷售量，其總收益不但不會增加，反而會減少。也因此其邊際收益曲線不再與其平均收益曲線相一致，而是在平均收益曲線之下，而且邊際收益還能成為負數。

吾人若將獨占廠商的總收益曲線與總成本曲線畫在同一個圖形中，則如圖 10－1 所示。圖中 TR 為總收益曲線，TC 為總成本曲線，兩曲線相交於 A，B 兩點，即兩平點，表示銷售量若為 OM 單位，或 ON 單位，則總收益等於總成本，既無利潤亦無損失。但銷售量如少於 OM 單位，或大於 ON 單位，則總成本大於總收益，便會產生損失。如果銷售量大於 OM 或小於 ON，則總收益大於總成本，故總利潤為正，但總利潤亦隨銷售量之增加而增大，到達一極大值後，又隨銷售量之增加而減少，最後又降而為零。如果吾人將隨銷售量變化而變化的總利潤，亦即總收益與總成本的差額，或此兩曲線之間的垂直距離，畫成另外一條曲線，則為圖中的 π 曲線，此可稱為總利潤曲線，表示隨銷售量變動總利潤變動

的情形。最初利潤為負，當銷售量為 OM 時，利潤為零，故在 M 點以前此曲線在橫座標的下方。當銷售量大於 OM 時，利潤為正，故曲線在橫座標的上方。當銷售量增至 OK 單位時，此時總利潤為最大。若銷售量超過 OK 單位時，總利潤雖仍為正，但開始下降。當銷售量為 ON 單位時，總利潤又降為零。如銷售量超過 ON 單位，總利潤又成為負數，於是曲線又通過 N 點而到了橫座標的下方。根據此一曲線觀察，顯然當銷售量為 OK 單位時，總利潤為最大，因此此一獨占廠商的最適產量必為 OK 單位，亦即其獨占利潤能為最大的產量。

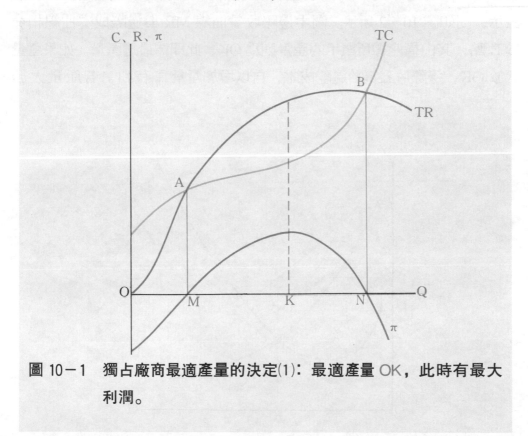

圖 10－1　**獨占廠商最適產量的決定(1)：最適產量 OK，此時有最大利潤。**

　　吾人亦可由另一觀點分析。若考慮獨占廠商變動其產量或銷售量，則其總收益與總成本亦隨之變動。如獨占者增加一單位產量，其總收益增加的數量若大於其總成本增加的數量，則其總利潤會增加，獨占廠商自以增加產量為有利。如獨占廠商增加一單位產量，其總收益增加的數

量若小於其總成本增加的數量，則其總利潤會減少，獨占廠商自以減少產量為有利。如獨占廠商的產量已到達此一水準，其最後一單位的產量，所引起的總收益的增加量，剛好等於總成本的增加量，則其總利潤不變，即不增加亦不減少，顯然此時總利潤必已達最大，而此時的產量亦必然是最適產量了。

產量增加一單位所引起的總收益的增加量即邊際收益，總成本的增加量即邊際成本。以上的分析即表示，當產量增加到此一水準，其邊際收益剛好等於邊際成本，則此一產量即為獨占廠商的最適產量。以圖形表示，則如圖 10-2 所示。圖中邊際收益曲線 MR 與邊際成本曲線相交於 E 點，其由橫座標所顯示的產量則為 OK，此即為最適產量。如果產量低於 OK，邊際收益高於邊際成本，自以增加產量為有利。若產量大於

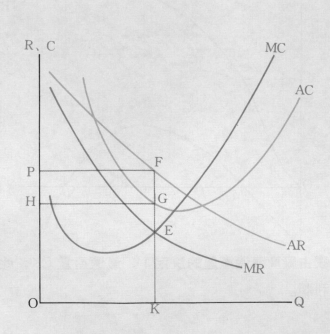

圖 10-2　獨占廠商最適產量的決定⑵：經由最適條件 MR＝MC，
　　　　　決定最適產量 OK，最適價格 OP，此時有最大利潤
　　　　　PFGH。

OK，則邊際成本大於邊際收益，自以減少產量爲有利。唯有產量爲 OK 時，邊際收益等於邊際成本，產量不宜再變動，故爲最適產量。此一條件吾人可表示如下：即當

$$邊際收益（MR）＝邊際成本（MC）$$

時，獨占廠商的總利潤爲最大，故此一條件下的產量，爲獨占廠商的最適產量。

　　至於在此一產量下產品的價格爲多少？則需要看平均收益曲線 AR。由圖 10-2 可看出，當最適產量爲 OK 時，由 AR 曲線其價格應爲 FK，或 OP。至於在此一產量下總利潤爲多少？則要看平均成本曲線 AC，由圖中產量爲 OK 時，平均成本爲 KG，而平均收益爲 KF，故單位利潤爲 FG，總利潤則爲單位利潤與產量的相乘積，亦即長方形 HPFG 的面積所代表的數額。在所有可能的產量中，當以產量爲 OK 時總利潤能達到最大。

第 2 節　獨占廠商沒有供給曲線

　　由上一節的分析，我們知道當獨占廠商根據邊際收益等於邊際成本的準則，決定其最適產量時，同時也就決定了產品的價格，亦即最適產量與價格是同時決定的。由完全競爭廠商的分析，完全競爭的廠商是依據市場價格決定其最適產量，理論上，個別廠商是無法決定市場價格的，因此當市場價格變動時，個別廠商可以決定不同的產量，從而由價格與產量兩者之間的關係，引申出完全競爭市場個別廠商的短期供給曲線。獨占廠商是否也能引申出這樣一條供給曲線？由於獨占廠商其最適產量與價格是同時決定的，因此無法引申出一條像完全競爭廠商一樣的短期供給曲線，只能決定一固定的供給量。其原因不難明白，因爲獨占廠商決定其最適產量時，不但要考慮他本身的成本結構，同時還要考慮市場

的需求情況，因此其邊際成本曲線不能成為他的供給曲線。由圖 10－2
可以看出，E 點雖是決定其最適產量的均衡點，E 點也在邊際成本曲線之
上，但 E 點卻不是表示產量與價格的組合點，顯然他不在供給曲線上。
至於 F 點似乎可以表示產量與價格的組合點，但是他卻是平均收益曲線
上的一點，而且他亦無從顯示成本結構，因此 F 點也不是供給曲線上的
一點。因而由圖 10－2 的分析只能決定獨占廠商一固定的最適產量 OK，
卻不能獲得一根不同價格與不同生產量各種組合的曲線，故獨占廠商沒
有供給曲線。

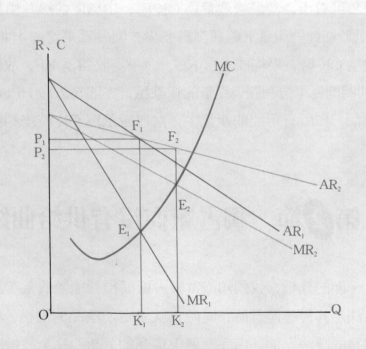

**圖 10－3　市場需求變動引起的產量與價格的變動：若需求彈性增
大，需求曲線由 AR_1 移向 AR_2，經由最適條件 MR＝MC，
可知最適產量由 OK_1 增至 OK_2，最適價格由 OP_1 降為
OP_2。**

　　這種獨占廠商沒有供給曲線的情況，還可以從另一角度說明。在完
全競爭廠商，如果市場價格提高，一般的個別廠商的產量會增加。但對

獨占廠商言，很可能由於市場需求情況的變化，使獨占廠商的產量增加，而市場價格反而可能降低，試以圖 10-3 加以說明。圖中 AR_1 及 MR_1 為原來的平均收益與邊際收益曲線，MC 為邊際成本曲線，原來的均衡點為 E_1，原來的最適產量為 OK_1，市場價格則為 OP_1。如果市場的需求發生變動，需求彈性增大，AR_2 及 MR_2 為需求變化以後的平均收益及邊際收益曲線。如獨占廠商的成本結構不變，則新的均衡點為 E_2，新的最適產量為 OK_2，比原來的最適產量為大，而新的價格則為 OP_2，卻較原來的價格為低。顯然這與完全競爭市場的供給法則不一樣。這也反映獨占廠商沒有供給曲線。

第3節　獨占廠商不一定謀取獨占利潤

獨占者若依據獨占準則決定其最適產量與價格，以謀取獨占利潤，消費者往往要支付較高的價格，而市場的銷售量往往較少，站在消費者福利的立場對消費者不利。因此現在一般國家往往訂出反獨占法或其他相關的法律，必要時對獨占行為加以取締，以保障消費者的利益。

不過現代的獨占廠商，除了少數例外，往往並不按照能獲取最大獨占利潤的準則從事生產，常以較獨占價格為低的價格銷售較多的產量，故其實際利潤亦較獨占利潤為少。獨占廠商所以這樣做，乃是由於其他的考慮。

因為現在的獨占廠商，一部分由政府經營，例如公用事業。這些廠商所提供的產品與服務，均與國民日常生活有關。政府為了提高消費者的福利，對其價格往往加以管制，或直接規定。所訂價格的高低，往往依據生產時的平均成本，再酌加利潤，使投資能獲得一定的報酬率。這種價格常低於獨占價格，而其銷售量亦比真正獨占時為多。

至於私營的獨占廠商所以會主動的取較低的價格，則可能基於下列考慮。第一，避免政府的取締。因廠商所取價格既較低，政府防止獨占

的目的已達，消費者的福利有了保障，政府即不必加以取締。第二，防止新競爭者的加入。因獨占者若取獨占價格，則由於獨占利潤太高，會引起新的廠商加入競爭，如此則對原來廠商不利。若原來獨占廠商所取價格已低，則新生產者不一定有獲利的把握，自然不會加入競爭。第三，為了增加長期利潤。獨占者為了培養消費者的消費習慣，願意犧牲短期利潤，待消費者習慣養成，銷路增加，則獨占廠商的長期利潤會增加。

第④節　差別訂價

獨占廠商有一項特質，是其他市場的廠商所不具備的，就是對於同一產品，在不同的購買者之間，或同一購買者的不同購買量之間，或在不同的市場，訂不同的價格。例如電力公司對家庭用電，工業用電及營業用電，有不同的價格。對於家庭用電，未超過一定數量者為基本用電，是一種價格。如果超過基本度數，超過者則按另一種價格收費。又如臺灣糖業公司所出產的砂糖，在國內市場是一個價格，輸出到國外則需按國際價格出售。這種現象可稱為差別訂價。

獨占者所以要採取差別訂價的方式，原因甚多，有的是為了增加獨占利潤，有的是為了減少消費，以便將部分產品移轉為對社會更有利的用途。例如臺灣電力公司所訂家庭用電的價格較高，而工業用電的價格則較低，即是為了減少消費性的用電而增加工業用電。

當然並不是每一個獨占廠商都能差別訂價，要能差別訂價除本身是獨占廠商外，尚須同時具備下列條件。第一，不同的市場，或不同的購買者，能明顯的畫分；例如國內市場與國外市場，一般家庭與工廠，即能明顯的畫分。第二，在不同市場，或對不同的購買者，對獨占廠商所生產的財貨或勞務，其需求的價格彈性不一樣；例如家庭用電的需求彈性小，而工業用電的需求彈性則大。第三，產品在不同的市場，或在不同的購買者之間不能交流或轉售，亦即不會由低價市場轉向高價市場，

否則差別價格即不能維持。若不具備這三項條件，縱然是獨占廠商，亦不能差別訂價。

　　獨占廠商採取差別訂價，在不同市場其價格如何訂定？對同一購買者的不同購買量又如何訂出不同的價格？原則上由於不同市場其需求彈性有差異，獨占者在每一市場皆依據邊際收益等於邊際成本的準則，決定其最適銷售量。假如獨占廠商的生產工場只有一處，則每一市場的邊際收益皆等於同一個邊際成本，從而不同市場的邊際收益皆相等。再依據不同市場的平均收益曲線，決定每一市場應取的價格，原則上需求彈性較低的市場所取的價格高，而需要彈性較高的市場則所取的價格低。

　　至於對同一購買者不同購買量之間，應如何訂不同的價格？這則要看獨占者是希望鼓勵消費，還是希望限制消費。若是希望鼓勵消費，則對基本購買量定價較高，然後則採累退方式，超過基本量以上而尚未達次高數量者，則改按較低價格出售。超過次高數量而尚未達一更高數量者，則按更低價格出售，餘類推。在此一訂價方式下，獨占廠商希望消費者所能獲得的消費剩餘為最少，以決定其價格等級。假如獨占者是希望限制消費的話，則對基本數量其價格最低，超過基本數量而尚未達一次高數量者，則另按較高價格出售。超過次高數量而尚未達一更高數量者，則另按一更高價格收費，餘類推。其基本價格往往僅收回成本，其累進高價則可獲取利潤。

摘　　要

　　獨占廠商依據邊際收益等於邊際成本的準則，決定其最適產量或銷售量，依據平均收益曲線決定產品的市場價格。此一產量能使獨占廠商的獨占利潤爲最大。

　　由於獨占廠商的最適產量與價格是同時決定的，故獨占廠商沒有供給曲線，依據市場需求情況及其成本結構，僅有一固定的供給量。

　　獨占廠商爲了避免政府取締，或防止潛在的競爭者加入市場，或爲了使長期利潤能增加，或爲了顧及消費者的利益，不一定完全按照獨占原則定價，往往所定價格較獨占價格爲低，從而其銷售量亦較理論上的獨占銷售量爲多。

　　若市場可以分割，不同市場的需求彈性不同，產品無法在不同市場轉售，則獨占廠商在不同市場對同一產品可訂不同價格，原則上需求彈性高的市場所訂價格較低，需求彈性低的市場所訂價格則較高。

　　獨占廠商對同一購買者不同的購買量，亦可訂不同價格，其價格或爲累退，或爲累進，全視獨占廠商所希望達成的目標而定。

重要名詞

差別訂價

作業題

問答題：

❶ 何以獨占廠商依據邊際收益等於邊際成本的準則，所決定的產量，能使其獨占利潤為最大？

❷ 你能否由目前國內的資料，舉出採取差別訂價獨占廠商的實例？

選擇題：

( )❶以下對獨占市場的敘述，何者為真 (A)大企業一定是獨占 (B)獨占廠商一定是大企業 (C)大企業不一定是獨占，獨占廠商也不一定是大企業 (D)中小企業一定不是獨占廠商。

( )❷所以形成獨占廠商主要是因為 (A)該產業所需的投入成本太大 (B)最初的生產者控制了必要的生產資源 (C)政府法令的保障 (D)以上皆是。

( )❸獨占廠商有何特色 (A)進出市場容易 (B)邊際收益等於市場價格 (C)平均收益等於市場價格 (D)廠商對市場價格有控制力。

( )❹如果一國際鐘錶商經市場調查得知，臺灣地區對名牌鐘錶的需求彈性較低，而在維也納對名牌鐘錶的需求彈性則較高，試問該廠商在臺灣地區與維也納應如何定價 (A)在臺灣地區訂較低價格，而在維也納則訂較高價格 (B)在臺灣地區訂較低價格，而在維也納也訂較低價格 (C)在臺灣地區訂較高價格，而在維也納也訂較高價格 (D)在臺灣地區訂較高價格，而在維也納則訂較低價格。

( )❺以下對形成差別訂價條件的敘述，何者為誤 (A)市場間能明顯畫

分　(B)市場間需求彈性不同　(C)無法轉售　(D)對價格沒有控制力。

(　)❻獨占廠商之所以採取差別訂價的目的可能是　(A)為了增加收入　(B)為了減少某一資源的使用　(C)為了減少消費　(D)以上皆是。

(　)❼獨占廠商為追求利潤極大，生產會選擇在什麼階段生產？　(A)需求彈性大於一　(B)需求彈性等於一　(C)需求彈性小於一　(D)需求彈性無窮大。

(　)❽下列各項，何者不是差別訂價存在的條件？　(A)賣者對其產品價格，必需有相當程度之影響力　(B)賣者必需能夠區別願意付不同價格之消費群　(C)服務某群消費者必需較服務另一群消費者花費更多　(D)轉售的可能性必需是不存在。

(　)❾獨占廠商在兩個分割市場採取差別訂價時　(A)彈性大的市場價格高　(B)彈性大的市場價格低　(C)彈性小的市場價格低　(D)以上皆非。

第十一章　不完全競爭廠商產量及價格的決定

學習目標

研讀本章之後，希望同學們對以下的主題有所瞭解

1. 獨占競爭廠商決定短期最適產量與價格的準則
2. 獨占競爭廠商決定長期最適產量與價格的準則
3. 獨占競爭廠商與完全競爭廠商的比較
4. 寡占廠商的產量與價格
5. 寡占廠商多採非價格競爭

第1節　獨占競爭廠商產量與價格的決定

獨占競爭市場廠商的數量很多，但不同廠商之間因其產品具有差異性，購買者對個別廠商的產品，便有主觀的偏好，因而有所選擇。因此個別廠商最適產量的決定，不同於完全競爭的廠商，而與獨占廠商有某種程度的相似，茲分為短期情況及長期情況加以分析。

一、短期均衡

對於獨占競爭廠商，由於其產品相互之間的差異性，其平均收益曲線不是一根彈性為無限大，平行於橫座標的直線，而是一根由左上方向右下方延伸的曲線，表示價格高時，其銷售量少，價格低時，其銷售量大。此一平均收益曲線與獨占廠商的平均收益曲線相似，唯其彈性則較大。短期間由於其生產規模不變，故依據其短期成本結構及市場收益曲線，可決定其短期最適產量及價格。圖 11-1 中 SAC 及 SMC 分別為短期平均成本曲線及短期邊際成本曲線，AR 及 MR 則為平均收益曲線及邊際收益曲線。與獨占廠商相似，根據邊際收益等於短期邊際成本的準則，決定其最適產量。圖中邊際收益曲線與短期邊際成本曲線相交於 E 點，此即獨占競爭廠商的短期均衡點，由此點決定短期的最適產量為 OK。再由平均收益曲線，決定其價格為 KF，或 OP。與獨占廠商相似，獨占競爭廠商的最適產量與價格也是同時決定的，因此獨占競爭廠商也沒有短期供給曲線，僅有一固定的供給量。

此一最適產量是否能使獨占競爭廠商獲得利潤？此則需視平均成本是否低於平均收益而定。在圖 11-1 中，當產量為 OK 單位時，平均成本為 KG，而平均收益則為 KF，大於 KG，其差額 FG，即為單位利潤，故其總利潤則為單位利潤與銷售量的相乘積，亦即長方形 HPFG 的面積所代表的數值。如果產量小於或大於 OK，則總利潤將比產量為 OK 時為

小，唯有產量爲 OK 時，廠商之短期利潤爲最大。

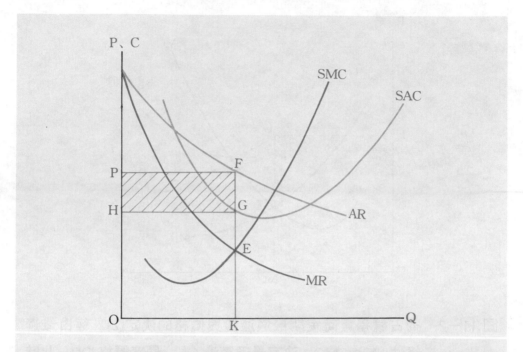

圖 11－1　**獨占競爭廠商短期最適產量與價格的決定(1)：經由最適條件 MR＝SMC，決定最適產量 OK，最適價格 OP，此時有最大利潤 PFGH。**

　　如果依據邊際收益等於短期邊際成本所決定的最適產量，其短期平均成本大於平均收益，則廠商的利潤將爲負數，亦即會遭致損失。在圖 11－2 中，最適產量爲 OK 時，短期平均成本爲 KG，而平均收益爲 KF，單位損失則爲 FG，總損失則爲單位損失與總銷售量的相乘積，亦即長方形 PHGF 面積所代表的數值。不過在此一產量下的損失，比任何其他產量時的損失均爲小，如果廠商由於某種考慮，仍願繼續生產，則他以生產此一產量最合適。

　　由以上的分析，吾人可得結論如下，短期間獨占競爭廠商的最適產量，決定於

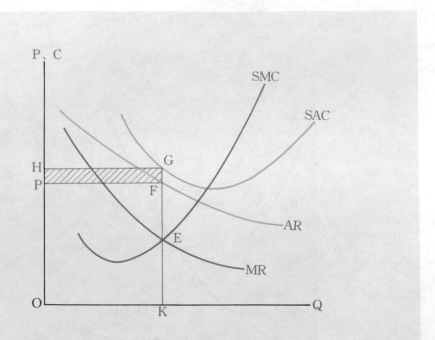

圖 11-2　獨占競爭廠商短期最適產量與價格的決定(2)：經由最適
　　　　條件 MR＝SMC，決定最適產量 OK，最適價格 OP，此時
　　　　有最小損失 PFGH。

$$邊際收益(MR) = 短期邊際成本(SMC)$$

的一點，在此一產量下，如果

$$平均收益(AR) > 短期平均成本(SAC)$$

則廠商能獲得短期最大利潤。如果

$$平均收益(AR) < 短期平均成本(SAC)$$

則廠商會遭致損失，不過亦以此一產量的損失為最小。

二、長期均衡

　　如果考慮長期情況，獨占競爭廠商的產量及價格如何決定？在長期

情況下，必須考慮隨市場需求的變化，可能引起三項因素的變化。第一，個別廠商的生產規模可以變化。如果短期間廠商能獲取利潤，而其生產規模並非最佳，則廠商可能調整其生產規模，因此其短期成本結構亦可能因此發生變動。第二，產業中的廠商人數可以發生變化。如果產業中原來的廠商大多數都能獲得利潤，由於新生產者參加此一產業甚為容易，一定會引起新廠商的加入。由於廠商人數增多，原來廠商的顧客一部分為新廠商所爭取，原來廠商的平均收益曲線會向下移動。反之，如果原來廠商中大多數都有損失，則必會有一部分廠商考慮退出此一產業。由於部分廠商的退出，他原來的顧客必會轉向未退出的廠商購買，故未退出的廠商其平均收益曲線會向上移動。第三，由於長期間廠商人數的變化，及個別廠商生產規模的變化，則對生產因素的需求亦會發生變化。如需求增加，則生產因素的價格會上漲；如需求減少，則生產因素的價格會下跌。無論價格上漲或下跌，一定會影響個別廠商的成本結構，其成本曲線會發生移動。只要長期均衡尚未到達，這三種變化必不會停止。反之，若此三項因素已不再變化，則個別廠商的長期均衡出現，對整個產業言，亦可視產業的長期均衡亦出現。

當長期達到均衡時，個別廠商的成本結構，收益結構，最適產量及市場價格，則如圖 11－3 所示，在圖中當邊際收益曲線（MR）與短期邊際成本曲線（SMC）相交於 E 點，而長期邊際成本曲線（LMC）亦相交於此點。根據 E 點最適長期產量為 OK，在此產量下，短期平均成本曲線（SAC）與平均收益曲線（AR）（為簡明計，本圖中 AR 及 MR 線均畫成直線）相切於一點 F，而長期平均成本曲線（LAC）與平均收益曲線亦切於 F。由 F 點，市場價格則為 FK 或 OP，同時由 F 點亦可看出，對長期最適產量 OK，平均收益等於短期平均成本，亦等於長期平均成本，換言之，在長期均衡時，廠商並無超額利潤，只能獲取正常利潤，此已包含在平均成本之中。但亦不會有損失。而且，與獨占廠商一樣，獨占競爭廠商亦無長期供給曲線，僅有一長期最適供給量即 OK。

由以上分析，吾人可獲得結論如下，*獨占競爭廠商的長期均衡，其*

最適產量必滿足於下列兩條件，即

$$邊際收益(MR) = 短期邊際成本(SMC)$$
$$= 長期邊際成本(LMC)$$

而　　　$$平均收益(AR) = 短期平均成本(SAC)$$
$$= 長期平均成本(LAC)$$

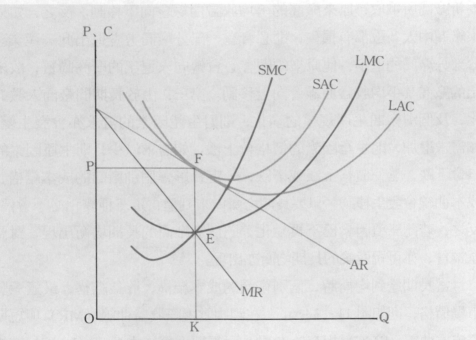

圖 11-3　獨占競爭廠商長期最適產量與價格的決定：經由最適條件 MR = SMC = LMC，AR = SAC = LAC，決定最適產量 OK，最適價格 OP，此時僅能賺取正常利潤，並無額外利潤。

第②節　獨占競爭廠商與完全競爭廠商的比較

　　從圖 11-3 我們可以看出，在長期均衡的情況下，獨占競爭廠商的最適產量，其平均收益等於短期平均成本，也等於長期平均成本，因此沒有利潤，這一點似乎與完全競爭廠商很相似。因為我們在第九章分析完全競爭廠商的行為時，知道在長期均衡下，完全競爭廠商所決定的最適產量，其平均收益亦是等於短期平均成本，也等於長期平均成本，因此也沒有利潤。但兩者之間卻有一顯著的不同，完全競爭廠商在長期均衡時，不論其短期平均成本及長期平均成本均為最低，因此其最適產量是平均成本最低的產量，這由生產效率的觀點，可說已發揮到最高。可是對獨占競爭廠商，在長期均衡的最適產量下，無論其短期平均成本及長期平均成本，均非最低，如果產量增加，成本還能降低。顯然就生產效率的觀點，獨占競爭廠商顯然未能充分發揮其生產效率。

　　其次再由消費者福利的觀點來看，消費者對完全競爭廠商能以等於廠商最低平均成本的價格來購買產品。而在獨占競爭廠商方面，消費者所支付的價格並不等於廠商的最低平均成本，要比最低平均成本為高。如果廠商增加其產量到長期平均成本為最低，在此一產量下，廠商所能收回的平均收益，亦即產品的價格則遠較長期平均成本為低，廠商自然不願生產到此一數量。因此就消費者福利觀點，在完全競爭市場，消費者的福利高，獨占競爭市場，消費者的福利則較低。

　　因此，吾人會產生這樣一個問題，為了提高生產效率及增加消費者的福利，能否採取某項政策，將獨占競爭市場轉變為完全競爭市場？因為獨占競爭市場與完全競爭市場唯一的不同之點是，獨占競爭市場不同廠商之間的產品有差異性，而完全競爭市場不同廠商之間的產品，品質畫一並無差異。要將前者轉變為後者只要將產品所具的差異性取消即可。

也許技術上這種轉變是可能的，不過就消費者福利的觀點，吾人卻認為不必要；不但不必要，而且這種差異性取消之後，反而使消費者的福利降低了。原因何在？因為人類的愛好及個性各不相同，雖然需要同樣的產品，卻要顯示各人不同的風格與品味，產品的差異性正是提供消費者這方面的滿足。同樣的一件衣服，在顏色方面，甲也許喜歡藍色，乙也許喜歡黃色，而丙則喜歡白色。獨占競爭廠商正可以提供這種顏色方面的差異，以供選擇，使每一個消費者皆能獲得滿足。其他的產品亦然，飲食方面，有人喜歡廣東口味，有人喜歡四川口味，也有人喜歡臺灣口味，不同的餐館即提供不同的口味以滿足不同的消費者。為提供這種差異性，難免使成本增加，價格提高，但這正是為提高消費者福利所必須支付的代價。吾人很難想像，如果像軍隊一樣，大家穿一式的衣服，吃一樣的伙食，睡一樣的床鋪，毫無差異，這時還有什麼消費者福利可言？因此，吾人認為，為了消費者的福利，獨占競爭市場有其存在的價值，不必要將其轉變為完全競爭市場。

第❸節　寡占廠商的產量與價格

在寡占市場由於廠商的數量甚少，任何一家的行為，都能對市場產生影響。如果任何一家降低自己產品的價格，很可能銷路會增加，利潤亦增加：但相反的，其他廠商的銷路可能受到影響而減少，也因此其利潤亦可能減少。由於這項原因，寡占市場的廠商，相互之間的競爭比任何其他市場為激烈。亦由於這項原因，寡占廠商一旦其價格決定以後，非有重大原因，不輕易變動其價格，而在競爭的方式上，往往採取價格以外的方法來從事競爭，亦即採取非價格競爭的方法。

為考慮價格相當穩定的現象，有些學者認為寡占廠商的平均收益曲線，與其他市場廠商的平均收益曲線不一樣，不是一根平滑的曲線，而是由兩根不同的曲線所形成的，在相連的地方有一拗折點的曲線。其原

因是在兩種不同的情形下根據兩種不同的假設，每一種假設下可引申出一平均收益曲線。而實際情況是兩種假設在一定條件下可能，在另一條件下不可能，考慮此一特殊情況，遂獲得一有拗折點的平均收益曲線或市場需求曲線了。

吾人可以圖 11－4 加以說明。圖中的 AR_1 線是基於這種假定而產生，即此一特定廠商若變動其價格時，其他廠商並不追隨變動，如果此廠商提高價格，其他廠商並不同時提高，如果此廠商降低價格，其他廠商也不降低。其他廠商既如此反應，則此廠商提高價格，其銷售量必大幅減少。若降低價格，其銷售量必大幅增加，因此其平均收益曲線的需求彈性較大。為便於說明，圖形中的平均收益曲線均畫成直線。

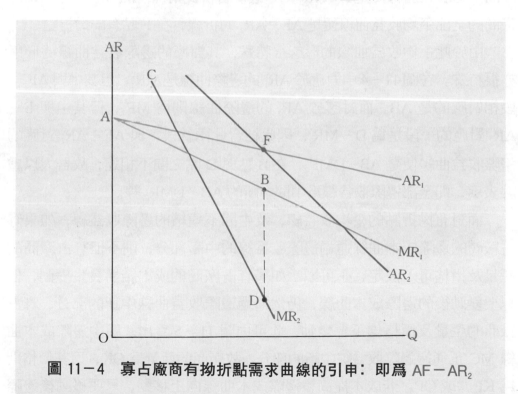

圖 11－4　寡占廠商有拗折點需求曲線的引申：即為 $AF-AR_2$

圖中的另一 AR_2 曲線，則依據另一不同的假定而產生，此乃假定此特定廠商變更價格時，其他廠商亦同樣跟隨變更。如果此特定廠商提高價格，其他廠商同樣提高價格；如果此特定廠商降低價格，其他廠商亦

同樣降低價格。由於其他廠商對價格的變動同樣反應，於是此特定廠商提高價格時，其銷路不會減少很多，同樣此特定廠商降低價格時，其銷路也不會增加很多，因此此一平均收益曲線的需求彈性較小。

　　此兩根不同的平均收益曲線相交於 F 點，F 點可能就是實際的價格與銷售量的組合點。由 F 點其他廠商的反應可能不如上述兩種情況的單純，而是由 F 點此一廠商提高其價格時，其他廠商可能不會提高價格，因為這與他們有利，如此則此一特定廠商的平均收益曲線便是 AF 線段了。反之，由 F 點此一廠商如降低其價格時，其他廠商必然會同樣降低價格，因為若不降低價格他們的銷路將會受到影響。如此則此一特定廠商的平均收益曲線便是 $F-AR_2$ 的一段。合併此兩種情況考慮，此一特定廠商的全部平均收益曲線便是 $AF-AR_2$ 的折線，在 F 點有一拗折點。

　　由於此平均收益曲線的形態很特殊，其對應的邊際收益曲線的形態亦很特殊。在圖 11-4 中對應於 AR_1 的邊際曲線是 MR_1，但其中與 AF 一段相對應的是 AB。而對應於 AR_2 的邊際曲線則為 MR_2，但其中與 $F-AR_2$ 對應的一段是為 $D-MR_2$，因此結合此兩線段，與 $AF-AR_2$ 對應的邊際收益曲線便是 $AB-DMR_2$，在 B 點與 D 點之間不相連，故吾人以虛線表示，即全部邊際收益線為中間中斷的 $AB-DMR_2$ 線。

　　面對有拗折點的平均收益線，及中間不連續的邊際收益線，如果寡占廠商的邊際成本曲線通過邊際收益線的中斷部分，則不但寡占廠商的產量及價格可予決定，亦可顯示如果寡占廠商的成本結構發生變動，但只要變動後的邊際成本曲線，仍然通過邊際收益曲線中斷的部分，寡占廠商的產量及價格均不會變動，此可由圖 11-5 看出。圖中邊際成本曲線 MC 正通過邊際收益線中斷的部分，故廠商的產量為 OK，而其價格則為 KF，或 OP。若成本提高，邊際成本曲線向上移動，只要移動後邊際成本曲線仍通過邊際收益中斷的地方，廠商不會改變其產量與價格。同樣，如成本降低，邊際成本曲線向下移動，只要移動後的邊際成本曲線仍通過邊際收益線中斷的部分，廠商仍不會變更其產量與價格。此種性質為寡占廠商所獨有，其他市場的廠商則無此性質。

有拗折點的需求曲線理論，只能說明一旦產量與價格決定以後，廠商不會輕易改變其產量與價格，但並未說明產量與價格究竟如何決定？為說明此點，有些學者提出了平均成本定價理論。根據此一理論認為，寡占廠商依據市場需求情況，再根據廠商的正常生產能量，估算固定成本及可變成本總額，將兩者相加以後的總成本，除以正常產量，即可獲得每一產品單位的平均成本。再將此一平均成本加上一定的利潤率，即為產品價格，讓購買者去決定購買量。設以 P 表產品價格，C 表平均成本，π 表利潤率，則 P 與 C 的關係可表示如下：

$$P = C(1 + \pi)$$

圖 11－5 中的 F 點，可能就是此一價格與銷售量的組合點。

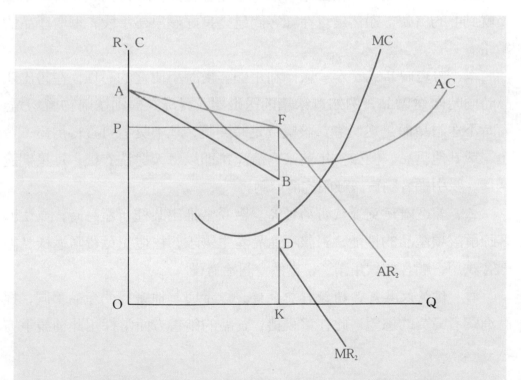

圖 11－5　**寡占廠商的產量與價格：MC 曲線通過 BD（邊際收益線中斷的部分），決定最適產量 OK，最適價格 OP。**

第4節　非價格競爭

　　寡占廠商相互間既不宜以價格競爭的方法增加銷路提高利潤，爲了獲得更大的市場占有率或利潤，往往採取價格以外的方法從事競爭，這種非價格競爭的方法包含：

　　一、提供售後服務。尤其生產耐久性消費財的寡占廠商，爲了爭取顧客的好感，往往提供周到的售後服務。產品出售以後，在一定時間以內如有故障，提供免費修理，更換零件則僅收取成本費用，並在各地區設立服務中心皆是。如我國某一家用電器生產商，即打出了「打電話服務就到」的口號，顯然是以在顧客間建立良好形象爲手段，爭取產品的銷路。

　　二、附送贈品或獎券。廠商利用顧客愛討小便宜的心理，在售出產品時同時贈送贈品，例如買冰箱則送磁器，買洗衣機則送購物籃均是。有時不送贈品而是送獎券，該獎券定時開獎，凡中獎者可獲得房屋，黃金，或其他獎品。例如多年前某一清潔劑即以每天送洗衣機，每星期送鋼琴，吸引顧客購買該廠商的清潔劑。

　　三、普遍贈送免費試用的樣品。廠商當推出某種新產品時，爲使顧客瞭解該項產品的性能，對該項產品產生需求，往往先免費贈送樣品讓顧客試用，顧客如試用滿意，自然會開始購買。

　　四、儘量改善產品的設計與包裝，以示與其他廠商的產品不同，提高消費者購買的慾望。此在電視機，食品的銷售方面常採用此種競爭方式。

摘　　要

　　獨占競爭廠商短期間由於生產規模不變，多依據使邊際收益等於短期邊際成本的準則，決定其最適產量與價格。如果在此一產量下，平均收益大於短期平均成本，則可獲取利潤。如平均收益低於平均短期成本，則會有損失。

　　長期間，由於廠商的生產規模可以變動，市場內廠商的家數可增減，同時生產因素的價格亦會漲跌，故獨占競爭廠商到達長期均衡時，其邊際收益等於短期邊際成本，亦等於長期邊際成本；同時其平均收益等於短期平均成本，亦等於長期平均成本。故長期間獨占競爭廠商無超額利潤。

　　獨占競爭廠商生產的產品，常比由完全競爭廠商所生產的產品，價格來得高，而消費者所能購買的數量亦比較少，但這正是爲滿足消費者愛好差異性所必須支付的代價，因此獨占競爭廠商有其存在的價值，不可能也不必要將其改變爲完全競爭。

　　寡占廠商所面對的，常是一根有拗折點的市場需求曲線，而其邊際收益曲線也是一根不連續的曲線。只要廠商的邊際成本曲線通過邊際收益曲線中斷的部分，廠商的產量及價格即可決定，而且亦不輕易變動。

　　爲解釋寡占廠商價格較穩定，某些學者提出了平均成本定價法則，即認爲寡占廠商以產品的平均成本，加上一定的利潤率以決定其價格。

　　寡占廠商相互間多採取非價格競爭的方法，增加銷路，如提供售後服務，附送贈品或獎券，贈送免費試用的樣品，及改善產品的設計與包裝等。

重要名詞

有拗折點的需求曲線　　　　　　　非價格競爭
平均成本定價法則

作業題

問答題：

❶ 你能否說明獨占競爭廠商何以不能以最低成本從事生產與銷售？

❷ 從長期觀點，如果某一獨占競爭的產業中，大多數的廠商都能獲得超額利潤，將引起何種變化？這種變化對個別廠商會產生何種影響？

❸ 試舉出國內幾個寡占廠商的例子，這些廠商是否也採取非價格競爭的方法？能否舉例說明。

選擇題：

（　）❶下列那一種產業，屬於寡占市場？　(A)汽車產業　(B)飲食業　(C)蔬果販賣　(D)服飾業。

（　）❷下列各項，何者不屬於非價格性競爭？　(A)廣告　(B)買二送一　(C)包裝　(D)品牌。

（　）❸在寡占市場中，常見明顯的進入障礙　(A)專利權　(B)重要資源的所有權　(C)規模經濟　(D)影印權。

（　）❹拗折的需求曲線說明　(A)市場中一廠商提高價格，則其他廠商跟進；市場中一廠商降低價格，則其他廠商不會跟進　(B)市場中一廠商提高或降低價格，則其他廠商都會跟進　(C)市場中一廠商降低價格，則其他廠商跟進；市場中一廠商提高價格，則其他廠商不會跟進　(D)不管市場中一廠商提高或降低價格，則其他廠商都

不會跟進。

( )❺下列對於寡占廠商的敘述何者是正確的　(A)市場只有一個廠商　(B)廠商間價格競爭很激烈　(C)常用非價格競爭　(D)產品異質。

( )❻拗折的需求曲線理論的缺點是　(A)假設市場中一廠商提高價格，則其他廠商跟進，此與現實不符　(B)預測價格穩定與現實不符　(C)無法說明波動價格的決定方式　(D)無法說明產量與價格的決定方式。

( )❼下列對「平均成本定價理論」的敘述何者是正確的：(A)價格等於平均成本　(B)價格等於平均成本加上變動的利潤率　(C)價格等於平均成本加上一定的利潤率　(D)價格等於變動成本加上平均的利潤率。

( )❽獨占競爭廠商決定短期最適產量與價格的準則是　(A)價格等於平均收益　(B)價格等於平均成本　(C)價格等於邊際收益　(D)邊際成本等於邊際收益。

( )❾假如獨占競爭廠商賺取正的利潤，則　(A)生產期間必為長期　(B)生產期間必為短期　(C)生產期間可能為長期或短期　(D)此時價格等於平均成本。

( )❿獨占競爭廠商所面臨的需求曲線，即　(A)為邊際收益曲線　(B)為平均收益曲線　(C)為水平的曲線　(D)為正斜率的曲線。

( )⓫獨占競爭廠商所面臨的需求曲線與邊際收益曲線的關係是：(A)需求曲線在邊際收益曲線下方　(B)需求曲線與邊際收益曲線重疊　(C)需求曲線在邊際收益曲線上方　(D)需求曲線與邊際收益曲線相交於兩點。

附錄　經濟學的成立及其發展

　　在各種科學之中，經濟學爲一較年青的科學，自其成立以來，到現在約二百二十年。然而其成立的時間雖短，其發展卻非常迅速。尤其最近三十年來，其成就則更是一日千里，新學說新方法紛紛出現。其所以如此的原因，一方面固然是由於若干卓越的經濟學者，在此一學術領域內特殊的貢獻；另一方面，也由於自產業革命以後，各國經濟，突飛猛進，不斷出現新的問題，亟待解決，因而促進學者殫思竭慮，作理論的鑽研。因此現實與學術相互影響，現實促進學術的發展，而學術又促進現實的進步，乃至今日，經濟學有此輝煌的成就。本章擬將經濟學的成立及其發展，作一簡單之分析，以供進一步研究之參考。

① 經濟學之成立

　　經濟學之正式成爲一種科學，應由英國經濟學者亞丹斯密（Adam Smith, 1723－1790），出版其名著《原富》（*An Inquiry into the Nature and Causes of the Wealth of Nations*）算起。斯氏此一著作之書名，雖不稱爲經濟學，但究其內容，實爲第一部有系統的經濟學著作。其研究的內容即爲今日經濟學者所討論的生產、交換、流通、分配。同時斯氏所研究的問題亦爲斯氏以後英國古典學派理論的基礎。故吾人以斯氏作爲經濟學的創始人，殆不爲過。

　　在斯氏以前，並非沒有學者討論經濟問題，但在斯氏以前僅有片斷的經濟思潮，而無系統的經濟學著作。例如在上古之希臘羅馬時期，若干哲人，如亞里斯多德、柏拉圖等，在其哲學著作中，均曾討論過經濟問題，但均是片斷的，而無完整的系統。在中古經院派哲學中，亦曾討論經濟問題，但所有見解，亦只是基督教義的附庸而已。十五世紀後在歐洲發生的重商主義，及接重商主義以後在法國出現的重農主義，對經濟問題，均有其全面的主張，但究其實，除揆內（Francois Quesnay, 1694－1774）所著《經濟表》一書，具有分析的意義，予後世以深刻的影響外，其餘均偏重於經濟政策的闡揚，而缺少理論的建樹，均不得認爲是經濟學的起源。及斯氏出，始融合當時的各種學說，參以自己獨特的見解，而樹立一完整的經濟理論體系，此均見於其代表作《原富》一書。故吾人以斯氏爲經濟學的始祖。

　　自斯氏《原富》出版到今日爲止的兩百二十多年中，經濟學的發展，至爲迅速，到今日經濟學已成爲一嚴密的社會科學體系。此兩百二十多年中，學者輩出，而理論系統，復推陳出新，不斷有新學說出現。但吾人縱觀此兩百二十多年的發展，大體可分爲四個階段。當然，每一階段不是可以判然劃分的，所以以某一年爲開始或最後一年，不過取其方便

而已。此四階段，即由 1776 年到 1848 年爲第一階段；由 1848 年到 1890 年爲第二階段；由 1890 年到 1936 年爲第三階段；而由 1936 年到目前則爲第四階段。除第一階段約七十年外，其餘每一階段均約四十餘年。茲將每一階段經濟理論的特色，重要學者，重要著作，簡單介紹如下。

② 第一階段：1776 年到 1848 年

此一階段開始的一年，吾人已知爲亞丹斯密出版《原富》的一年，而此階段的最後一年，亦爲另一重要學者，英國的約翰密爾（John Stuart Mill, 1806－1873）出版其名著《政治經濟學原理》（*Principles of Political Economy*）的一年。此一階段，可稱爲古典學派時期（Classical School）。此一階段的重要學者，均集中於英國，如李加圖（David Ricardo, 1772－1823）、馬爾薩斯（Thomas R. Malthus, 1766－1834）、詹姆密爾（James Mill, 1773－1836），以及約翰密爾。在法國則有賽伊（J. B. Say, 1767－1832）等。此一階段，經濟學發展的特色，完全以亞丹斯密的理論體系爲主，加以闡述、補充、修正，而使其更完美，更充實。而此一發揚光大的工作，到約翰密爾的手中，可算登峰造極，而不得不進入另一階段。此一階段經濟學的內容，吾人可由方法論、及作爲古典學派理論體系核心的價值論等兩方面，予以簡單的說明。

在方法論上，古典學派雖同時重視歸納法與演繹法，但實際上仍以演繹法爲主，尤其對古典學派貢獻最大的李加圖，足爲代表。所謂演繹法，即依據幾項簡單的定義與公設，用演繹推理的方法，引申出一般性的結論。例如歐氏幾何，即是一嚴整的用演繹法則所建立的數學體系。李加圖的經濟理論體系，亦復如此。吾人閱讀其《政治經濟學與賦稅原理》一書，即可看出李氏依據其所設定的若干基本定義與公設，而應用演繹法，即推演出其全部理論系統。而馬爾薩斯的人口論，亦可看作是利用演繹法的代表作。馬氏根據少數地區的特殊人口現象，而作出人口數量以幾何級數增加，糧食數量以算術級數增加的法則，從而層層演繹，得出其悲觀絕望的結論，使當時的經濟學蒙上了「喪氣的科學」之名。其他的古典派學者，雖不如李加圖氏特出，要之皆以演繹法則爲主要的研究方法，則毫無例外。

　　古典學派經濟學的中心問題，則以價值論爲主，研究財貨的價值如何形成，如何交換、流通及分配。古典學派的價值論，可分爲兩大體系，即勞動價值論與生產費價值論。此兩種學說，在亞丹斯密的《原富》中，均予提出，但將其建立爲完整的學說者，勞動價值論則爲李加圖氏，生產費價值論則爲詹姆密爾。所謂勞動價值論即認爲財貨之所以具有價值，乃是由於財貨中體現了人類的勞動，而財貨價值的大小，則決定於財貨中所含人類勞動量的多少。所謂生產費價值論，則是認爲財貨之所以有價值，乃是因爲在生產該財貨的過程中支付了生產費用，價值的大小，決定於生產費的大小。而生產費價值論其後又演變爲再生產費價值論，認爲財貨價值之大小，非決定於過去生產時所支付的生產費的數量，而決定於目前若再生產同樣財貨時，所支付的生產費的數量。此一修正，乃鑒於生產費旣經支出，便不再變，而價值則隨時變動此一事實，而予以修正者。

　　以價值論爲中心，加上馬爾薩斯的人口理論，李加圖的地租論，及生產因素的報酬遞減法則，乃形成全部古典學派的理論體系。

　　於此，吾人尚欲一提者，古典學派經濟學的體系，乃建立於自由主義及個人主義的時代精神之上。亞丹斯密感染了產業革命時期，英國新企業階級擺脫傳統束縛的要求，並受了法國重農主義的影響，故亦主張自由放任，主張減少政府的干涉。認爲個人的利益，唯有個人自己了解得最清楚，如聽任個人追求個人的私利，則冥冥中有一隻無形的手（in-visible hand），可使得各人爲私利的追求，卻能達到公眾利益和諧的結果。故干涉最少的政府，是最好的政府。因爲主張自由放任，故重視自由競爭。亞丹斯密的這種精神，亦全部爲古典派諸學者所承受。這種自由主義及個人主義的精神，對促進英國十九世紀經濟的飛速發展，大有貢獻，因爲它使得英國的新的企業階級，能充分發揮其才能，不受傳統的束縛，而爲發展國家經濟而努力。在這一方面，古典學派之功，誠不可沒。

③ 第二階段：1848 年到 1890 年

大凡一種學說，發展到最完美的時期，也是這種學說僵化而不得不衰退的時期，古典派經濟學亦難擺脫此命運。古典派經濟學到了約翰密爾手上，由於其高度的才華，及敏銳的洞察力，將古典學派的理論體系，發揮得至爲完美，可說已登峰造極。1848 年當其兩大本的《政治經濟學原理》出版以後，其他學者，可說難置一詞。而密爾本人，亦頗自負，認爲自其《政治經濟學原理》出版以後，除了尙有少數幾個未解決的小問題，尙待解決外，經濟學已經完成，沒有任何再需要改進的地方。因此自 1848 年後，到馬夏爾（Alfred Marshall, 1842 – 1924）於 1890 年出版其《經濟學原理》（*Principles of Economics*）爲止的一段時間內，英國除奇逢士（William Stanley Jevons, 1835 – 1882）等少數幾人外，在古典學派中，再無能與李加圖等比美的第一流學者出現。

相反的，此時在歐洲大陸，由於對古典學派經濟學的不滿所產生的反動，而出現了若干新的學說，一時有取代古典學派的趨勢。此一百家爭鳴的現象，到馬夏爾的《經濟學原理》出版，似乎又有衆流歸海，定於一尊的趨勢，因此吾人可以稱這一階段爲反古典學派時期。至於這一階段的特色，吾人亦可分別由時代精神，方法論，及價值論等諸方面，予以簡單說明。

由於古典派過分強調自由主義及個人主義，同時，因爲西歐各國產業革命的結果，工廠制度興起，財富集中，自由競爭的結果，勞動階級的生活，日形困苦，因此引起了若干人道主義者對勞動階級的同情，十九世紀中葉以後，在歐洲社會主義的思潮，大爲澎湃。社會主義的思想，原不自十九世紀始，烏托邦的社會主義思想，及基督教的社會主義思想，早在十六、七世紀，即已出現。然而所謂科學的社會主義思潮，無疑到十九世紀中葉，始形成熟。其中影響最大的爲馬克思的共產主義思想。

吾人知道，1848 年，不但是馬克思《共產主義者宣言》發表的一年，也是巴黎公社進行暴動的一年。不過就理論發展的觀點言，社會主義的思潮，對經濟理論的貢獻並不大，因爲他們所重視的，是社會改革運動，因此吾人不擬多加說明。

在方法論上，十九世紀中葉，在德國出現了歷史學派，歷史學派的學者，對古典派過分重視演繹法的應用，多不同意，而認爲社會現象，不同於自然現象，研究社會現象應由大量事實的觀察分析，然後歸納出結論，建立理論體系。而歷史正是提供大量事實的來源，故經濟學正確的研究方法，應是歷史法；應先由經濟史的分析著手，不應採用空洞的抽象的演繹法。歷史學派的著名人物如羅希（Wilhelm Roscher，1817－1894）、須摩拉（Gustav von Schmoller，1838－1917），後期的有宋巴特（Werner Sombart，1863－1941）及威伯（Max Weber，1864－1920）等人。此派學者，爲能由充分的歷史資料的分析，建立其理論起見，對於經濟史的研究，非常深入。但是正因爲他們將太多的時間，貢獻於歷史的研究，對於經濟理論的貢獻，反而不足。歷史學派學者所寫的政治經濟學理論，或一般經濟學體系等書，與其說是經濟學教科書，不如說是經濟史教科書，往往十分之八九的篇幅用於歷史的敍述，而僅有十分之一二的篇幅用於理論的說明。而所謂理論，也不過是用來將歷史分期而已。故嚴格說來，歷史學派對經濟理論的貢獻實在有限，然而對經濟史學的貢獻，卻極爲重要。差不多所有歷史學派的重要學者，均是經濟史學家，如前述諸人，實際均在經濟史學上，有輝煌的貢獻。然而由於歷史學派的重視歷史的方法，不但使經濟史學因此發展，亦使以後對經濟學的研究，對歷史、統計等方法，加以重視。

其次，吾人研究此一時期的價值論。古典派的勞動價值論及生產費價值論，雖經多數學者的闡述，仍不能解決鑽石與水之間的矛盾問題。鑽石價值高，而水的價值低，鑽石的價值高，顯然不能由勞動量，或生產費說明之。故十九世紀中葉以後，學者對勞動價值論及生產費價值論，漸致不滿，而思以其他學說代替之。在此一背景下，乃出現了效用學派

的理論，以效用及邊際效用，解釋價值產生的原因，及價值高低的準則。根據效用學派的理論，財貨之所以有價值，乃是因為它有效用，但財貨價值的大小，並非決定於總效用，而是決定於其邊際效用，亦即決定於財貨的稀少性。因此水的效用雖大，但因水的供給非常豐富，其邊際效用低，故水的價值小。鑽石的總效用雖小，但因為鑽石稀少，其邊際效用高，故鑽石的價值大。

效用學派是由三個不同國籍的學者，共同建立的，以後由於此一學派的主要學者，都集中於奧國的維也納大學，故亦稱奧國學派，或維也納學派。此三個學者中的第一個，是德國的哥松（Hermann Heinrich Gossen，1810－1858）。哥氏於 1854 年出版《交換律的發展及人類行為法則》一書，以效用原理建立價值理論。哥氏認為此書在經濟學中的影響，將如哥白尼的學說在天文學中的影響一樣，為其帶來聲譽。不幸，哥氏命運不濟，此書出版後未能賣出，因此未引起一般人的注意，哥氏失望之餘，乃於 1858 年逝世以前，全部收回並銷毀。二十年後，一位英國學者奇逢士，根據一德國書商的目錄，於 1879 年《政治經濟學原理》第二版的序言中，將其大為揚譽，哥氏之名及其貢獻，始為世人所知。1889年由於瓦拉斯（Léon Walras，1834－1910）的協助，此書始得重印。

效用學派第二個主要人物為奇逢士，奇逢士為英國學者，然並不滿意於古典學派的理論，尤其古典學派的價值論。氏於 1871 年出版其《政治經濟學原理》（*The Theory of Political Economy*），認為價值主要依賴於效用，而勞動僅間接決定價值。氏並應用最後效用（final degree of utility）一詞，與現代邊際效用一詞頗為相似。

效用學派的第三個主要人物，則為瓦拉斯，氏為法國人，曾主持瑞士洛桑大學（Academy of Lausanne）經濟學講座，亦為洛桑學派的創始人。瓦氏於 1874 年出版其主要著作《純粹經濟學原理》（*Elements of Pure Economics*），以效用原理，分析價值法則。瓦氏不僅為效用學派的建立者，亦為一般均衡分析法的創始者，同時亦為數理經濟學的先驅。值得注意者，以上所述之三位學者，在以上所引述的三部著作中，均曾

大量應用數學方法，而爲其另一共同特色。

　　效用學派由上述三學者建立後，逐漸集中於維也納大學，十九世紀後期效用派學者，則有奧國的孟哥（Carl Menger，1840－1921）、威塞（Friedrich von Wieser，1851－1926）及奔巴瓦克（Eugen von Böhm-Bawerk，1851－1914）等人。

④ 第三階段：1890 年到 1936 年

當效用學派在歐洲大陸發展以後，英國的古典學派無法忽視此一新的思想，但對於古典派本來的理論體系，亦不願予以放棄，於是若干學者試圖從事一種綜合工作，將效用理論納入古典派理論以內，而建立新的理論體系，此一工作，終於由馬夏爾完成。馬氏於 1890 年出版其名著《經濟學原理》（*Principles of Economics*）。此書出版後，由於其理論之嚴謹，思想之深刻，文字之優美，方法之完備，立刻為學術界奉為經典之作，而成為此後四十餘年影響經濟學發展之唯一著作。而古典派在學術界之領導地位，亦因此而恢復，故吾人可稱此一階段為新古典學派時期。同時因馬氏執教於劍橋大學，任經濟學講座，此階段之學者，亦多由劍橋出身，故吾人亦可稱此一階段為劍橋學派時期。此一階段直到 1936 年，另一劍橋出身的學者凱因斯（John Maynard Keynes，1883－1946），出版其名著《就業通論》始告結束。

馬氏既以其《經濟學原理》一書，影響經濟學之發展數十年，吾人要了解此一階段之特色，首須了解馬氏在經濟學方面的貢獻。簡略言之，馬氏之貢獻，在應用部分均衡分析的方法，建立其個體經濟理論的體系，同時馬氏更綜合了古典學派與效用學派的價值論，建立其有名的剪刀式的價值論，成為現代價格理論的基礎。所謂部分均衡分析的方法，是相對於一般均衡分析法而言的。依據一般均衡分析法的觀點，認為所有經濟變量都是互相關聯而互相決定的，而不是可以孤立的個別決定的。例如任何一件財貨，其需求與供給非僅決定於其本身的價格，亦且決定於其他財貨的價格。故任何一件財貨的需求或供給函數，是各種財貨價格的函數，因此僅根據個別財貨本身的供給或需求函數，不能決定該項財貨的價格，而是必須同時考慮各種財貨的供給函數與需求函數，當每一種財貨的供需關係均已到達均衡時，則各種財貨的價格同時決定。因此

一般均衡分析法，必須借助於聯立方程式的應用，才能說明而求出各種解答。此一分析法，由瓦拉斯所建立，並在其著作中，予以廣泛的應用。而部分均衡分析法的觀點則不同，認為雖然各種經濟變量是互相關聯而共同決定的，但吾人在研究某兩個特定變量之間的關係時，為取得近似的結論並簡化分析的手續，可假定除吾人所分析的變數外，其他因素皆不變化，因此可當作固定，吾人僅集中注意力於吾人所要分析的對象，研究其因果法則即可。因而在應用部分均衡分析法時，有關的函數，僅含有一個自變數，一個因變數，此即吾人所要研究的對象。當吾人對個別經濟變數皆已了解以後，則綜合觀察，對各經濟變量之間的相互關係，亦能了解。馬氏《經濟學原理》一書，即充分採用此種分析法而有輝煌成就者。由於馬氏的此一倡導，新古典學派的學者，亦均紛紛採用部分均衡分析的方法，而一般均衡分析的方法，反而不受重視。

　　所謂個體理論，則是相對於總體理論而言。原來古典學派的研究對象，皆是以一國財富的原因及其性質為其研究對象的，本質上皆是總體理論。但馬氏認為，整個經濟體系，乃由若干經濟個體所構成，此經濟個體，是家計單位，企業或廠商等，就如同廣大的森林是由個別的樹木所構成是一樣。吾人要研究森林，首須研究個別樹木的性質，再進而研究森林全體，因此研究經濟學亦然。吾人必須先研究個體的經濟行為法則，再研究經濟總體的現象。故馬氏《經濟學原理》一書，乃致力於個體理論之分析，分別對家計單位的消費行為，及廠商單位的生產行為，交換行為等，予以深入的分析，而以供需法則，貫串其全部理論。馬氏並未否定總體理論之存在，不過認為個體理論完成後，將進一步分析總體理論，惜終馬氏一身，未能提出其完整的總體理論，而馬氏的追隨者則更是集中力量於個體理論的分析，而疏忽了總體理論。故在此一階段中，個體理論有進一步的發展，而總體理論則無重要貢獻。

　　要充分了解馬氏的個體理論體系，不可不了解馬氏所建立的價值論。馬氏的價值論如前所述，乃是剪刀式的價值論。馬氏並未放棄古典派的生產費價值說，但又接受了效用價值論的觀點，而將此兩個觀點，加以

巧妙的綜合。依據馬氏的學說，價值既非決定於生產費，也不是決定於效用，而是決定於財貨的市場供給與市場需求。但決定財貨的供給的，則爲生產費用，而決定財貨需求的，則爲邊際效用。馬氏因此將古典派的生產費理論說明供給的一面，而將效用學派的效用理論，解釋需求的一面，而認爲僅由供給或僅由需求，均不能決定價值，價值乃是由供給與需求共同決定的。就如同剪刀的任一刃單獨皆不能剪物，必須兩刃同時合作，才能剪物，此即馬氏的價值論被稱爲剪刀式價值論的理由。

馬氏的成就既如此輝煌，以馬氏爲中心，同時及較後的經濟學者，重要的尚有庇古（Cecil Arthur Pigou, 1877－1959）、艾奇渥斯（Francis Ysidro Edgeworth, 1845－1926）、費休（Irving Fisher, 1867－1947）、威克賽（Johan Gustaf Knut Wicksell, 1851－1926）、克拉克（John Bates Clark, 1847－1938）、張伯倫（Edward Hastings Chamberlin, 1899－）、魯賓遜夫人（Joan Robinson, 1903－）、席克斯（John R. Hicks, 1904－）等人。庇古爲馬氏之學生，並繼馬氏擔任劍橋大學經濟學講座者。庇古之貢獻在將馬氏之理論運用於福利經濟學方面，而出版其名著《福利經濟學》。艾奇渥斯爲英國人，自認受馬氏之影響頗深。費休及克拉克則爲美國學者，前者的主要貢獻在資本與利息理論方面，後者的主要貢獻在應用邊際生產力學說於分配理論。威克賽爲瑞典學者，其思想略接近於大陸學派，其後對凱因斯之影響頗大。張伯倫及魯賓遜夫人，則分別建立不完全競爭及獨占競爭的理論，以補充馬氏僅建立於完全競爭假定之上體系的不足。而席克斯則爲以一般均衡的方法，重建馬氏的需求理論者。綜合言之，就分析的深度言，新古典派諸學者的成就，已超過古典派多多矣。

⑤ 第四階段：1936 年以後

　　1929 年 10 月，由於紐約證券市場的崩潰，爆發了世界性的經濟大恐慌，這一次的恐慌，無論就延續的時間，及恐慌的程度而論，均屬前所未有。就時間論，自 1929 年底開始，到 1933 年陷於恐慌的最低潮，1937 年略有恢復，1938 年又形萎縮，若非第二次世界大戰爆發，更不知將延續到何時。就恐慌的程度論，美國失業水準曾達一千二百萬人左右，英國失業人口亦曾達五百萬人，國民生產降低至不足一半的程度。就其影響論，1931 年日本進兵中國東北，1933 年希特勒取得德國統治權，1937 年日本出兵侵略中國，1936 年西班牙內戰爆發，意大利則進兵阿比西尼亞，國際危機，不一而足。在這一經濟恐慌籠罩下的世界，作為經濟理論領導者的英國新古典學派，不能不提出對現實經濟問題的解釋及提供對策。故庇古於 1933 年出版了《失業理論》（*Theory of Unemployment*），由新古典學派的立場，對恐慌問題提出了解釋。認為失業現象之所以嚴重，乃是由於工會勢力雄厚，工資率喪失了伸縮性所造成。根據古典學派的理論，如果工資具有充分的伸縮性，勞動的供需自能維持均衡。因為如果勞動的供給量大於需求量時，若工資率下跌，則勞動的需求量將增加，供給量將減少，供需可以恢復均衡，非自願性的失業者不會存在。但如工資由工會經集體議價決定，則工資率即喪失了伸縮性，勞動的供給與需求，即無法達到均衡，失業現象乃必然的結果。至於補救之道，當然不能寄希望於工會的自動降低工資，但可透過貨幣政策，增加貨幣供給量，提高一般物價水準，並降低銀行利率降低成本，如此則實質工資率可下跌，失業現象可以減少。此一結論，一般新古典派學者，均皆同意。但卻有少數人，持不同的看法，此少數人中尤以凱因斯最具代表性。凱氏為提出他自己的觀點，乃於 1936 年出版其名著《就業通論》（*The General Theory of Employment*, *Interest* and *Money*）。此書一經出

版，立刻產生重大影響，而新古典學派時期，告一結束，現代時期，由此開始。

　　嚴格言之，由 1936 年到現在，仍然可分為兩個階段，由 1936 年到 1946 年凱氏逝世為止，可稱為凱因斯時期，而 1946 年以後，則可稱為凱因斯後期（Post-Keynesian Period）。要了解現代經濟理論的特色，必須先了解凱因斯理論的重點及其影響。

　　凱因斯認為新古典派基於個體理論的觀點，而認為充分就業可以自動維持的理論，是一個特殊理論，而不是一般理論。同時凱因斯認為適用於個體現象的理論，未必能適用於總體現象。要了解現代複雜的總體經濟問題，必須建立一般性的總體理論，而凱氏此書即以建立一般性的總體理論為目的。而總體經濟中最主要的問題，則為就業問題，故凱氏要建立關於就業理論的一般理論。

　　凱氏的就業理論，乃是有名的有效需求原理，不同於古典學派將理論的重點放在供給的一面，凱氏將理論的重點放在需求的一面，認為社會有效需求的高低決定就業水準。社會有效需求由多種因素決定，因此未必能促成充分就業的經常維持，就業不足均衡可能為一常態現象。基於此一觀點，故凱氏稱其理論是一般的，而古典派的理論則是特殊的。

　　自凱氏《就業通論》出版以後，立刻獲得學術界熱烈的反應，贊同凱氏見解的，認為凱氏這一理論體系，是經濟理論的一大革命，而不同意凱氏見解的，是認為凱氏過分強調其立論與前賢的差異，故意抹煞其由前賢所接受的理論遺產，而認凱氏在理論上雖有其重要的貢獻，但並不如其擁護者所稱述的那樣偉大。甚至有些學者認為，在凱氏理論中，凡是凱氏自認的卓見，皆不正確，而凱氏理論中，若有正確之處，皆不是凱氏的貢獻。但不論擁護者與反對者的立場如何，有兩種事實是不容抹煞的，第一是凱氏思想對學術界所發生的影響，為亞丹斯密及李加圖以後之第一人。吾人統計自 1936 年以後，在有關經濟學著作及期刊中，被引證的著作及人名，次數最多者，當以凱氏為第一。第二，自凱氏《就業通論》出版後，使學者由重視個體分析的傾向中，開始同時重視總

體分析，而總體理論體系的建立，亦逐漸形成。因此在現代經濟學的範圍內，個體理論與總體理論，形成經濟理論的兩大支柱，而經濟學過去以生產、流通、分配，或加上消費論的三分法或四分法，一變而爲個體理論與總體理論的二分法。同時，由於凱氏學說的影響，亦使各國政府逐漸認識政府經濟功能的重要性，而使政府經濟政策的運用，更具影響力。

自凱氏《就業通論》出版後，古典學派，尤其新古典學派的理論，受到其激烈的抨擊，一時頗有黯然失色之態，但新古典學派亦因受此批判，若干學者乃重新檢討新古典學派的理論體系，是否如凱氏所批評者，前提錯誤，或理論體系有嚴重的缺點存在。經檢討的結果，乃逐漸產生一共同的看法，在個體分析上，新古典派的理論，仍然是無懈可擊的，凱因斯並無若何補充之處。而在總體理論方面，亦並未如凱氏所說，爲一特殊理論。新古典學派的總體理論，過去雖並無某一學者，曾將其具體的提出過，但經現代若干學者的整理後，新古典學派的總體理論體系，乃具體出現。根據此一重被整理並建立的體系，與凱氏的理論體系比較，除了凱氏在分析方法上確有一二處貢獻外，在理論體系上，凱氏理論模型與新古典學派的理論模型，在本質上並無若何差異，而凱氏之所以能與新古典學派獲得不同的結論，乃是由於凱氏與新古典學派採取了不同的前提與假定。可能凱氏的假定，較合於現實，但這無礙於古典學派理論的有效性。不但如此，由凱氏假定或前提所獲得的結論，也是一特殊情況，如果說新古典派的理論，是一特殊理論，則凱氏的理論，亦爲另一種形態的特殊理論。如果吾人將新古典學派的理論，與凱氏的理論體系，都作爲特殊理論，包含在內，則不難建立一更一般化的理論。這一趨勢，尤爲凱氏逝世以後學者所致力的方向。因此吾人說自 1946 年凱氏逝世以後，現代經濟理論，已在凱氏理論的基礎上，更向前推進了一大步。此一發展，吾人可稱爲凱氏理論的動態化與長期化。

凱氏理論，雖其自稱，因爲考慮了預期因素，所以是動態理論。實際上凱氏的理論，仍然是靜態的。並且凱氏在其《就業通論》中，假定

資本數量不變，而並未考慮投資對生產能量的影響，因此其理論體系又是短期分析的。針對這種短期靜態理論，哈羅德（Roy Forbes Harrod, 1900－）於 1939 年加以引申，而提出了動態理論，復於 1947 年再行提出。哈氏的此一貢獻，連同道瑪（Evsey D. Domar）的經濟成長模型，形成現代經濟成長理論的基礎，是為凱氏理論長期動態化的一大成就。其次瑞典學派諸學者，利用期次分析（period analysis）或序列分析（sequence analysis）的數學分析法，將凱氏理論動態化，復經由薩穆爾遜（Paul A. Samuelson）、席克斯等人的進一步應用，建立了凱氏理論的經濟循環（business cycle）模型。而經濟成長模型與經濟循環模型，目前更有一新的趨勢，即將此兩種模型，進一步納入一個體系之中，同時分析經濟成長現象與經濟循環現象，如第森柏利（Jame Duesenberry）所始終進行者。

　　由以上之分析，吾人可以看出，由於 1936 年凱氏《就業通論》之出現，已使經濟學展開了一個新的領域，凱氏是這一新領域的奠基者。而大部分的建設工作，則由凱氏以後的許多學者去進行並完成。但不論凱氏在這一新領域中實際的貢獻多大，就其作為一個奠基者而論，已屬功不可沒。經濟學目前已成為一嚴密的實證科學，今後的發展，則端賴吾人更進一步的努力。同時因為經濟學已成為一實證科學，故數量方法的應用，亦為經濟學發展的一大趨勢，這一點，吾人將在下一節中作一簡單的分析。

6 數學方法的應用

　　數學方法的應用，在經濟學中起源甚早。早在 1838 年法國學者庫諾 (Antoine Augustin Cournot，1801－1877) 在其出版的《財富理論數學法則的研究》（*Researches into the Mathematical Principles of the Theory of Wealth*）一書中，即廣泛應用數學方法，研究寡占現象。惜此書在當時並未受到任何重視。哥松於 1854 年出版的《交換律的發展及人類行爲法則》（*The Development of the Laws of Exchange among Men and of the Consequent Rules of Human Action*）一書中，亦曾廣泛的應用數學方法，但其命運與庫氏相同，該書受到長時期的埋沒。其後 1871 年奇逢士在其《政治經濟學原理》一書，及 1874 年瓦拉斯在其《純粹經濟學原理》一書中，亦採用數學方法研究經濟學，奠定了效用學派的基礎，而數學方法開始被公認爲經濟學研究的方法之一。馬夏爾氏本人，原爲一研究物理學的科學家，對數學的造詣頗深，但馬氏爲遵守傳統起見，雖亦應用數學方法，但在其《經濟學原理》一書中，則將應用幾何圖形的分析，全部列入註解之中，而將應用代數的分析，全部納入附錄之中。然而馬氏所用的數學方法已被後人接受，而成爲經濟學中標準的分析工具，今日任何一本經濟學教科書中均已採用。二十世紀以後，數學方法的應用，更爲普遍，尤其自 1930 年以後，由於數學方法的應用，經濟學中更出現所謂數理經濟學一科，完全採用數學方法，分析經濟法則。吾人打開任何一本具有國際地位的學術性刊物，不難發現 1930 年以前與以後有一顯著的不同的趨勢。在 1930 年以前，在此類期刊中，以數學方法所寫的論文較少，而主要仍偏重於文字的敍述。但 1930 年以後，情形改變，在此類刊物中，以數學方法撰寫的論文，數量日見增加，成爲一種常態，而以文字敍述所寫的論文，反而日見其少，成爲例外。而 1930 年以後所出版的經濟學重要著作中，以數學方法表現的比例，更日見增加。

　　數學方法之所以在經濟分析中廣泛被應用，乃源於數學的符號性與邏輯性。因為數學本身即是一種採用符號的科學，往往較為複雜的內容，以文字敍述至為不便，但以符號表示，則非常簡潔，由於這一原因，早期數學方法之應用，多是利用數學的符號性這一優點，將複雜的理論，用符號表示之，使讀者能一目瞭然，但如果將數學刪去，仍無礙於文字的說明。例如瓦拉斯為說明其一般均衡理論體系，多採用數學中的聯立方程式的形式表示之。此聯立方程式實際上並不能解出，所以如此應用，不過因為它簡單，容易了解而已。但是現代經濟學中數學方法之應用，則多是應用其邏輯性，用為推理的工具。因此某項經濟理論的獲得必須依附於數學工具，如不用此數學工具，理論的獲得雖不一定不可能，但卻非常困難。例如，賴門（John von Neumann，1903－1956）的一般均衡理論體系，分析經濟成長或擴張的均衡條件，如不用數學方法推論，殆不可能獲得結論。

　　由於數學方法的應用，及經濟分析中日漸重要的經濟數量的統計分析，於 1930 年以後，更引起了一項新的科學之出現，此即計量經濟學（Econometrics）之正式成為一門學問。所謂計量經濟學，即是應用數學方法與統計方法於經濟理論的檢定，可說是由數學、統計理論及經濟理論三者結合為一的一種科學。因為計量經濟學的出現，使經濟的數量分析，更具意義，使吾人對經濟現象的了解，更具確實性。

　　因為數學方法的應用，使得現代經濟研究工作者，須具備更多的條件，並使高等數學的研究，為研究經濟學者不可少的必要條件。

三民大專用書書目——經濟・財政